はじめに ── なぜ、あなたの会社のDXはうまくいかないのか?

「DXを進めたいのだが、何から始めればいいのか?」

「仮説検証をくり返しているのだが、事業化に至らない」

「プロジェクトをスタートしたが、社員が協力してくれない」


これらは、私が経営するパロアルトインサイトに近年寄せられる代表的な声だ。

パロアルトインサイトは、シリコンバレーのパロアルトを拠点にするAIビジネスカンパニーである。この分野では大きく進んでいるアメリカや中国の事例をふまえながら、日本企業で求められるAI導入プロジェクトやDXのお手伝いをしている。


ここ数年、今後の経営にDXが不可避との認識は、どの業界でも定着してきた。しかし、「DXに成功した」とか「DXによって事業成績が格段によくなった」といった話はほとんど聞かない。

そのかわりによく聞くのが、冒頭にあげたようなプロジェクトの各段階での挫折の話である。

日本企業のDXがうまくいかないのには、大きく分けて2つの理由がある。

まずひとつは、そもそも「DXとは何か」が理解できていないこと。第1章で詳しく説明するが、DXとは単なるデジタル化やツール導入を指すわけではない。

DXによって、企業はどう変わるのか。

そのゴールイメージを持たないままプロジェクトを進めると、本質からずれた取り組みに時間と予算を費やしてしまったり、効果的なチームづくりができなかったりする。

もうひとつは、冒頭に示したような、プロジェクトの各段階で表出する3つの「壁」を超えられないこと。

そこで、本書の第2章から第4章では、この3つの「壁」について原因と解決策を提示する。

第2章では、「何から手をつけていいのかわからない」というひとつめの壁、第3章では、「なかなか実現フェーズに進まない」という2つめの壁、第4章では、「リソースが足りない」という3つめの壁。

それぞれのフェーズで直面する壁の超え方について解説した。

そして第5章では、「DXのあるべき姿」を、先行する成功事例とともに紹介する。

DXによって、今後も業界地図はどんどん塗り替えられていく。DXプロジェクトが企業の命運を握るといっても過言ではない。そのような時代に、教科書的に役立つ一冊になればと考え、本書を執筆した。参考になれば幸いである。

石角友愛

いまこそ知りたいDX戦略

CONTENTS

第1章 そもそもDXとは何か?

第2章

DXを推進するために超えるべき壁①

「何から手をつければいいかわからない」

第3章

DXを推進するために超えるべき壁②

「なかなか実現フェーズに進まない」

第4章

DXを推進するために超えるべき壁③

「リソースが足りない」

第5章

成功するＤＸのあるべき姿

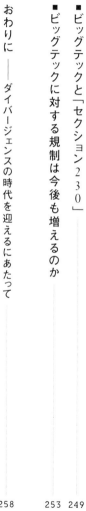

第 1 章

そもそも DXとは何か？

単なるデジタル活用のことではない

本書の目的は、皆さんの会社や組織の中でデジタルトランスフォーメーション（DX）を進めるための方法を指南することだ。

しかしその前に、ひとつ前提を共有しておきたいと思う。

それは、**「そもそも企業におけるデジタルトランスフォーメーション（DX）とはいったい何を指すのか」**という、大前提だ。

現在、日本では空前のDXブームが起こっている。本書を手に取ってくださっている皆さんの中にも、会社にDX推進部ができたとか、この数年でDXを進めるよう社長から指示があったという方は多いだろう。とくにコロナの影響でリモートワークが急速に進んだ企業では、DX推進が最優先課題になっているという話もよく聞く。

しかし、実際にDX推進に向けて動き出した企業の担当者の話を聞くと、

「何から手をつけていいのか、わからない」

「見積もりをとってDXプロジェクトが動き出したが、途中で頓挫した」

といった声のオンパレードだ。

なぜ、日本企業のDXが失敗するのか。

そこには大小いくつもの理由があるが、**最大の原因は「DXとはいったい何を指すのか」について、経営者やDX担当者が共通言語を持っていないこと**だと私は考えている。

彼らと話を進めていくと、DXを単なるオペレーションへのネット活用やツール導入だと考えているケースが多い。たとえば、チャットボットの採用やインターネット上の決済システムの導入などである。

しかし、本来DXの推進とは、そのような一面的なデジタル活用を指すものではない。

まずは、DXの定義を皆さんと共有したい。

ＤＸとは第四次産業革命そのものを指す

実はアメリカでは、「デジタルトランスフォーメーション（ＤＸ）」という言葉はビジネスの現場ではあまり使わない。

というのは、ＤＸは「第四次産業革命そのもの」を指すと捉えられているからだ。

簡単に歴史を振り返ってみよう。

第一次産業革命とは、蒸気機関を動力として、それまで綿工業など人力で行っていた作業を機械化し、大幅に作業効率を上げた時代を指す。この革命はイギリスを中心に始まり、全世界に伝播していった。

それに対して第二次産業革命は、電気の発明と発達と共に、アメリカとドイツを中心に広まった、軽工業から重工業への流れだ。自動車や飛行機などの大量生産に代表される技術革命が起こり、多大な資金と設備が投資された。個人から組織の時代への変換ともいえるだろう。

第三次産業革命は、コンピュータの登場とともに始まる。すなわち、１９９０年代後半から起こったデジタル革命を指す。IT革命といわれることも多い。GAFAと呼ばれるビッグテック企業が台頭してきたのは、この時代からだ。

そして、ここに至って語られるようになったのが、第四次産業革命だ。

シリコンバレーのAIカンパニーで、2020年に上場したシースリーエーアイ（C3.ai）の創業者でありビリオネアでもあるトーマス・シーベルの著書『Digital Transformation: Survive and Thrive in an Era of Mass Extinction』（RosettaBooks, 2019）によると、第四次産業革命とは、主にクラウドコンピューティングとビッグデータとIoTとAIが混ざり合うことによって結果的に生み出されるネットワーク効果や指数関数的な成長や変化を指す。

そして、DXとは、この第四次産業革命で起こっている、デジタル化による産業や企業のトランスフォーメーション（変化・変質）全般をいうときに使われる言葉だ。

これを企業にあてはめるならば、**DXとは、ツールの導入を行うといった局所的なIT導入のことではなく、デジタル技術を採用した根本的なビジネスモデルの変換を指す**ことがわかるだろう。

ちなみに、ＭＩＴ（マサチューセッツ工科大学）教授のエリック・ブリニョルフソンとアンドリュー・マカフィーは、こういった産業の変容を「セカンドマシンエイジ（第二世代の機械）」と名づけている。

第一次から第三次産業革命までが電気や機械などといったメカニカルなパワーを使いこなすことによる変革だったのに対して、この第四次産業革命はメンタルパワーがデジタル化されることに伴う変革であると論じている。

つまり、**人間が今までやってきた判断や考え方を機械がマスターしていくことが第四次産業革命の特徴**だというわけだ。

会社のコアをデジタル化することがＤＸである

先ほど私は「ＤＸとは、ツールの導入を行うといった局所的なＩＴ導入のことではなく、デジタル技術を採用した根本的なビジネスモデルの変換を指す」と述べた。そもそもトランスフォーメーションという言葉自体が変身、変革という意味である。

このことをわかりやすく説明しているのが、キャズム理論を提唱したことで知られるジェフリー・ムーアが執筆した『Dealing with Darwin』（邦訳『ライフスタイル・イノベーション』翔泳社、2006）という書籍だ。

この書籍の中で、ムーアは、**「会社は、コアとコンテクストに分けて考えなくてはならない」**と書いている。

たとえば、マイケル・ジョーダンにとっての「コア」は、バスケットボールである。一方、「コンテクスト」は、マーケティングやプロモーション、商品化などを指す。「エア・ジョーダン」のような商品はコンテクストだし、最近ではネットフリックスで「ラストダンス」という、マイケル・ジョーダンのドキュメンタリーが制作されたが、これもやはりコンテクストだ。

マイケル・ジョーダンの周辺にはたくさんのコンテクストがあるのだが、彼のコアは、どこまでいってもバスケットボールである。バスケットボールがなければ、コンテクストのマーケティングビジネスも、商品プロモーションも成立しない。

これを、会社に置きかえてみよう。

会社にとって本当の意味でのDXとは、このコアの部分をデジタライズすることを指す

（先述のシーベルはこれを「Digitalizing core is a true transformation」と表現している）。

マイケル・ジョーダンにとってのバスケットボールにあたるものをデジタル化するのが、本当の意味でのトランスフォーメーションだというのだ。

私が、「DXとは、オペレーションをデジタル化することや、デジタルツールを導入することではない」とお伝えした理由をわかっていただけただろうか。

あなたの会社にとって、「ジョーダンのバスケ」は何だろうか

それでは、**マイケル・ジョーダンにとってのバスケットボールは、あなたの会社にとっての何にあたるだろうか。**

たとえば自動車メーカーにとって、今の「コア」は「自動車を製造すること」だろう。しかし、10年後、20年後にモビリティ革命が起こったとき、その会社のコアは、本当に「自動車を製造すること」だろうか。

10年後には、その会社にとってのコアは「モノや人を移動させること」になっているか

もしれない。

このように**「会社にとってのコア」を再定義し、それをデジタル化することが、DXの本質である。**

もし、「会社にとってのコア」を「自動車を製造すること」だと定義してしまうと、その会社におけるDXは、「自動車を製造するプロセスをデジタル化すること」になる。すると、RPA（製造工程の自動化）や、かんばん方式（工程間の無駄を減らす手法）をどうデジタル化するかといった発想になっていくだろう。

しかし、自動運転が当たり前になり、世界中でスマートシティ化が進む時代に自分たちのコアは何かと考えると、何をデジタライズしなくてはならないかということも、再定義できるはずだ。

最近の例でいうと、私が注目している会社にアウトドアギアやキャンプグッズを製造販売するパタゴニアがある。

日本でもアウトドア好きな人には有名なブランドだが、この会社のコアを「アウトドアギア製造販売」としてしまうと、会社の全体像の半分しか見ていないことになる。

「パタゴニアで今注目されているのが「パタゴニアプロビジョン」という食品部門だ。キャンプでよく食べられるナッツミックスやエネルギーバーだけではなく、サーモンやムール貝、豆なども製造販売しているのがこの部門である。

ここで読者の皆さんは、「アウトドアギアの会社がなぜサーモンを?」と思うかもしれない。しかし、ここにはアウトドアギアとフードをつなぐ重要な共通項がある。

実はパタゴニアのコアは「サステナブルなサプライチェーンマネジメントに基づく製造販売」なのである。

同社のアウトドアギア部門では、「サプライチェーン環境責任プログラム」を設けている。このプログラムの目的は、パタゴニアの製品および材料の製造による環境への影響を測定および削減することだ。[1]

パタゴニアは世界中のサプライヤー施設で環境責任プログラムを実施し、環境管理システム、化学物質、水使用、水排出、エネルギー使用、温室効果ガス(GHG)、その他の大気排出および廃棄物を含む幅広い影響領域をカバーしている。この理念をフードサプライ

1 https://www.patagonia.com/our-footprint/supply-chain-environmental-responsibility-program.html

チェーンの管理にも導入して、環境に優しい食品を消費者へ届けているというわけだ。

パタゴニアのファウンダーであるイヴォン・シュイナードはウェブサイトでフードビジネスに参入する理由をこのように述べている[2]（著者訳出）。

私たちは、食品を通じて新たな未来に向けた一歩を踏み出したいのです。新たな未来とは、利益だけを求めて環境を枯渇させるような方法ではなく、むしろ地球を蘇らせるような環境に優しい方法で栽培された風味豊かで栄養価の高い食品で満たされた未来です。そしてそれは、食品が「健全な土壌」「動物福祉」「農業へ従事する人々」を守る方法で生産されていることを保証する「環境再生型オーガニック認証（ROC：Regenerative Organic Certification）」が広く採用される未来でもあります。

要するに、私たちが目指すフードビジネスは、環境問題を引き起こすものではなく、むしろ環境問題解決の一端を担うものなのです。

パタゴニアの例からわかるように、コア＝事業とは限らない。

2 https://www.patagoniaprovisions.com/pages/why-food-essay

その事業を実現し成功させるのに必要な要素を因数分解したときに、会社の強みになっているもの。それこそがコアであり、そのコア部分にデジタライゼーションを起こすことで生まれる変革こそがＤＸなのである。

ＤＸのスタートラインは、この「コアの再定義」と「コアのデジタル化」にある。

ちなみに、フォードのＣＥＯは、このＤＸ化を「survival of the fittest」と表現している。ダーウィンが提唱した**「適者生存」**である。

「コアの再定義」と「コアのデジタル化」を実行することによって、新しい時代に生き残る〝適者〟になることができるというわけだ。

自社のコアを見極め、ＤＸを行う
――モデルナの事例

では、自社のコアをどのように見つければよいだろうか。何をデジタル化すべきか。どのように発想して新しいビジネスモデルをつくるべきか。もちろん唯一の解があるわけではなく、いくつかの考え方があるだろう。

ここではまず自社の競争優位性を見極めて、そこを一気にDXする方法を紹介する。

メッセンジャーRNA(mRNA)を使ってコロナウイルスのワクチンを(ビオンテック&ファイザーと並んで)世界一早く開発したアメリカの製薬会社、モデルナについては、皆さんもご存じだろう。実はこのモデルナは、自分たちを製薬会社ではなく「生物学に携わるITカンパニー」と位置づけている。

私の母校であるハーバードビジネススクールの先輩にあたるステファン・バンセルが同社のCEOなのだが、先日ステファンのライブセミナーを聞いて感動した。モデルナのDXに対するアプローチがGAFAなどと同じだったからだ。

以下はハーバードビジネススクールのマルコ・イアンシティとカリム・ラカニという2人の教授が執筆したモデルナのケーススタディ[3]を私がまとめたものだ。

ステファンがCEOに就任した当初、モデルナの薬の開発現場に足を運んで驚いたという。開発者が薬の開発に必要なゲノムシークエンスのデータをエクセルに手入力で打ち込んでいたからだ。それでは、ひとたびデータが間違って入力されたら、すべてのシークエ

3 https://www.hbs.edu/faculty/Pages/item.aspx?num=58942

ンスに影響が及ぶ。その間違えたデータで薬を開発してしまうような事態は、会社として絶対に避けなければいけないことだった。そこでステファンは就任早々、ＡＩドリブンなカンパニーをつくることを目指して、以下の3点をゴールに設定した。

①データのすべてをクラウド（モデルナはＡＷＳを使用）に移行する
②データの統合（ローカルドライブで管理されているエクセルなどの廃止）を行う
③オートメーション&ロボティックスを導入しフルコントロールできる生産体制をつくる

逆に、自社が強い競争優位性を持たない領域や工程に関しては、市販されているＡＩ搭載のＳａａＳツールを積極的に導入していった。

たとえば、人事関連のプロダクトはWorkday（企業クラウドアプリ）を使用し効率化を実現。比率でいうと、優位性を持たない領域では85%ほどが市販ツールの導入でデジタル化を実現、薬の開発などの優位性があるコア領域では85%ほどがすべて自社で設計・開発したインフラやＡＩだという。

つまり、**注力すべきところに全力でAI投資を行うと同時に、勝負しない領域については市販のツールを積極的に購入することで省人化し、デジタル化を実現させる**――このようなハイブリッドアプローチは、皆さんの会社にも参考になるのではないだろうか。

自社のビジネスモデルの脆弱性を理解し、防衛策としてDXを行う

モデルナのハイブリッドDXアプローチが自社の強みを理解してそこにDXを全力投球するものだったのに対し、逆に自社のリスクや将来的な脆弱性を把握し、防衛策としてDXを行うというアプローチもある。

アメリカでは、「ウーバナイズ」や「アマゾナイズ」といった言葉がよく使われる。**ウーバーやアマゾンのような革新的な存在の会社が登場し、業界が根本的に改革されることを「ウーバナイズ」や「アマゾナイズ」というわけだ。**

「自分たちの業界がウーバナイズされるとしたら？」という問いかけは、新しいビジネスモデルの発想につながる。

ベインコンサルティングによれば、ある業界が新しい企業によってルール変更を余儀なくされるケースには、3つの要因がある。[4]

①（自分たちの商品やサービスよりも）コストが安い競合商品が登場する場合
②顧客体験がよくなる場合
③新しいビジネスモデルが生まれた場合

ちなみにウーバーは、この3つすべてに当てはまるといえる。そのために、アメリカのタクシー業界が消滅危機に陥っているのだ。

もうひとつわかりやすい例が、2020年12月に上場をはたした民泊サイトを運営するエアビーアンドビー（Airbnb）だ。

同社はコロナ禍で国をまたいだ旅行の需要が減り、2020年夏には1900人もの人員削減に踏み切った。しかし、リモートワークの急増に後押しされ、車で数時間程度で移動できる地域へのウィークエンドゲットアウェイ（週末のプチ旅行のようなもの）需要は、逆に高まった。結果的にパンデミック耐性があることが証明されての上場となった。

4 https://www.bain.com/insights/predator-or-prey-disruption-in-the-era-of-advanced-analytics/

図1　デジタル化により業界が根本的に改革される前兆

あなたの業界はどれくらい脆弱だろうか?
ベインコンサルティングが作成したこのフレームワークでは、
デジタル化により業界が根本的に改革される前兆を
「コスト」「顧客体験」「ビジネスモデル」の
3つの側面から指摘している。

新しいビジネスモデルが生まれた場合

- 仲介業者
- バリューチェーンの再定義者
- データ及び分析プラットフォーム

顧客体験がよくなる場合

- 顧客理解が乏しく、学習が遅い
- 顧客体験や商品価値が一般的
- ターゲットを絞らず、高く設定された価格

コストが安い競合商品が登場する場合

- 利益率の低いプロセス
- 活用されていない、または適切な配分が行われていないリソース
- 非常に日常的なプロセス

出典:Digital Transformation: Survive and Thrive in an Era of Mass Extinction by Thomas M. Siebel(著者訳出)

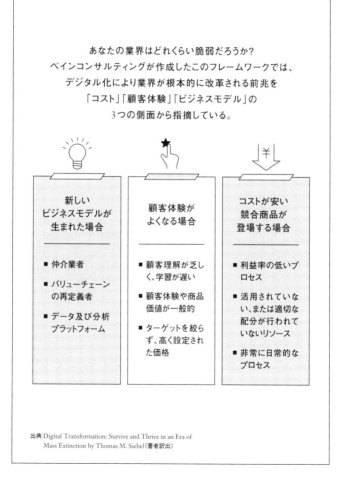

同社は、ホテル業界を完全にウーバナイズした企業である。ホテルより安価に宿が見つかり、多くの場合ホストとの交流などを通して単なるビジネスホテル滞在よりもよい顧客体験が生まれる。

また、ホストと宿泊客を直接結ぶプラットフォーム型ビジネスモデルを形成することで、ユーザーの獲得をスケールアップした。ユーザー数が増えれば増えるほどプラットフォームの価値が高くなるというネットワーク効果を実現し、ホテル業界に存在しなかった新しいビジネスモデルをつくりあげた。

もしあなたが従来型のホテルの経営者であったら、先に挙げた3つのリスクがすべて当てはまることは自明であるが、そのとき、どの領域でDXを実現すれば業界崩壊のリスクが最小限に抑えられるだろうか。

ウーバナイズされないためには、コスト削減を実現し今と同じ質のサービスをより安く提供すればよいのか。または、ウーバナイズしてくる新規参入者が持たない強みを、新しい顧客体験の提供という形で強化すべきか。

このように、**自分たちの業界でも、どんな部分にウーバナイズされる可能性があるかと**

考えてみることだ。よりリスク因子が高い部分をDXによって優先的に強化するのもひとつの手といえるだろう。

デジタイゼーション、デジタライゼーション、デジタルトランスフォメーション（DX）の違い

本章の冒頭でDXの定義について話したが、さらに理解を深めるために、デジタイゼーション（Digitization）や、デジタライゼーション（Digitalization）についても説明したい。

日本では、**①デジタイゼーション、②デジタライゼーション、③デジタルトランスフォメーション（DX）を混同している人が多い。**というよりも、この3つをすべてまとめてDXと言ってしまっている。

ここで説明するのは、単に言葉の意味だけではない。この3つの段階の概念を明確にすることは、DXの本質を理解することにつながるはずだ。

まず、**デジタイゼーションとは、「アナログからデジタルへの移行」を指す。**

ＩＴ業界で著名なアナリストであるジェイソン・ブルームバーグは、デジタイゼーションについて以下のように述べている。[5]

「デジタイゼーションとは、アナログ情報を取得して0と1にエンコードし、コンピューターがそのような情報を保存、処理、および送信できるようにすることだ。たとえば、手書きまたはタイプで書かれたテキストをデジタル形式に変換することは、デジタイゼーションの例であり、ＬＰまたはビデオからＶＨＳテープから音楽を変換することも同様である」

ここでもわかるとおり、デジタイゼーションとは、ツール導入による手作業の自動化やペーパーレス化などを指す。日本で議論されてきた「ハンコのデジタル化」などは、このデジタイゼーションの段階である。デジタイゼーションを導入する対象は、主に社内の作業工程（会計、営業、カスタマーサポートなど）が当てはまる。

ただし、このデジタイゼーションでは、省人化、最適化することによるコスト削減がメリットになり、今までに存在しなかったシナジー効果などを期待できる段階にはない。

5 https://www.forbes.com/sites/jasonbloomberg/2018/04/29/digitization-digitalization-and-digital-transformation-confuse-them-at-your-peril/?sh=11afee812f2c

デジタイゼーションが「アナログからデジタルへの変換」だとしたら、**デジタライゼーションは、デジタル化されたデータを使用して、作業の進め方やビジネスモデルを変革することだ。**ガートナーの定義によると、「デジタイゼーションされた情報やデジタル技術を活用し、作業の進め方を変え、顧客や企業の関与と相互作用の方法を変革し、新しいデジタル収益源を生み出すこと」を指す。[6]

ツール導入などの表面的な話ではなく、より複合的で本質的なビジネスモデルとコアのデジタルによる変革を示すのである。

ここまで読んだ皆さんは、このデジタライゼーションの定義を聞き、「それこそがDX(デジタルトランスフォーメーション)なのでは?」と思ったかもしれない。実際に、アメリカでも少なくない数の経営者がデジタライゼーションのことをDXの文脈で話すことが多い。

しかし、両者には決定的な違いがある。デジタイゼーションとデジタライゼーションが技術に関する変革を指すのに対し、**DXとは、主に人や組織に関する変革を指す。**

6 https://www.gartner.com/en/information-technology/glossary/digitalization

デジタライゼーションにより実現された新たなビジネスモデルとコアビジネスのデジタル変革を恒久的なものへと変えるためには、人の変化が必要不可欠になる。この場合の「人」には、顧客、エンドユーザー、消費者、協力会社、社員などが当てはまる。DXを進めるには、KPI（重要業績評価指標）や評価制度の見直し、抜本的な組織変更と役割変更が必要となり、その変更に伴う人の管理が必要になってくる。デジタイゼーションやデジタライゼーションが主に情報システム部や経営企画部、調達部や事業部単体での仕事だとしたら、DXは経営者が自ら舵を切って会社の文化や体制を変えていくことで初めて実現される抜本的構造改革なのである。

企業のDXとは、「DX室」などといった表面的な横断的少人数DXチームが行う単一プロジェクトで終了するものではないことを、わかっていただけるだろうか。

具体例を紹介しよう。デジタル庁やデジタル局などができて何かとDXが話題になった2020年だが、たとえば東京都のDXを進める宮坂副都知事のDXに関する考えは図2のようなものだ。

図2　なぜ今、構造改革が必要なのか（東京都資料より）

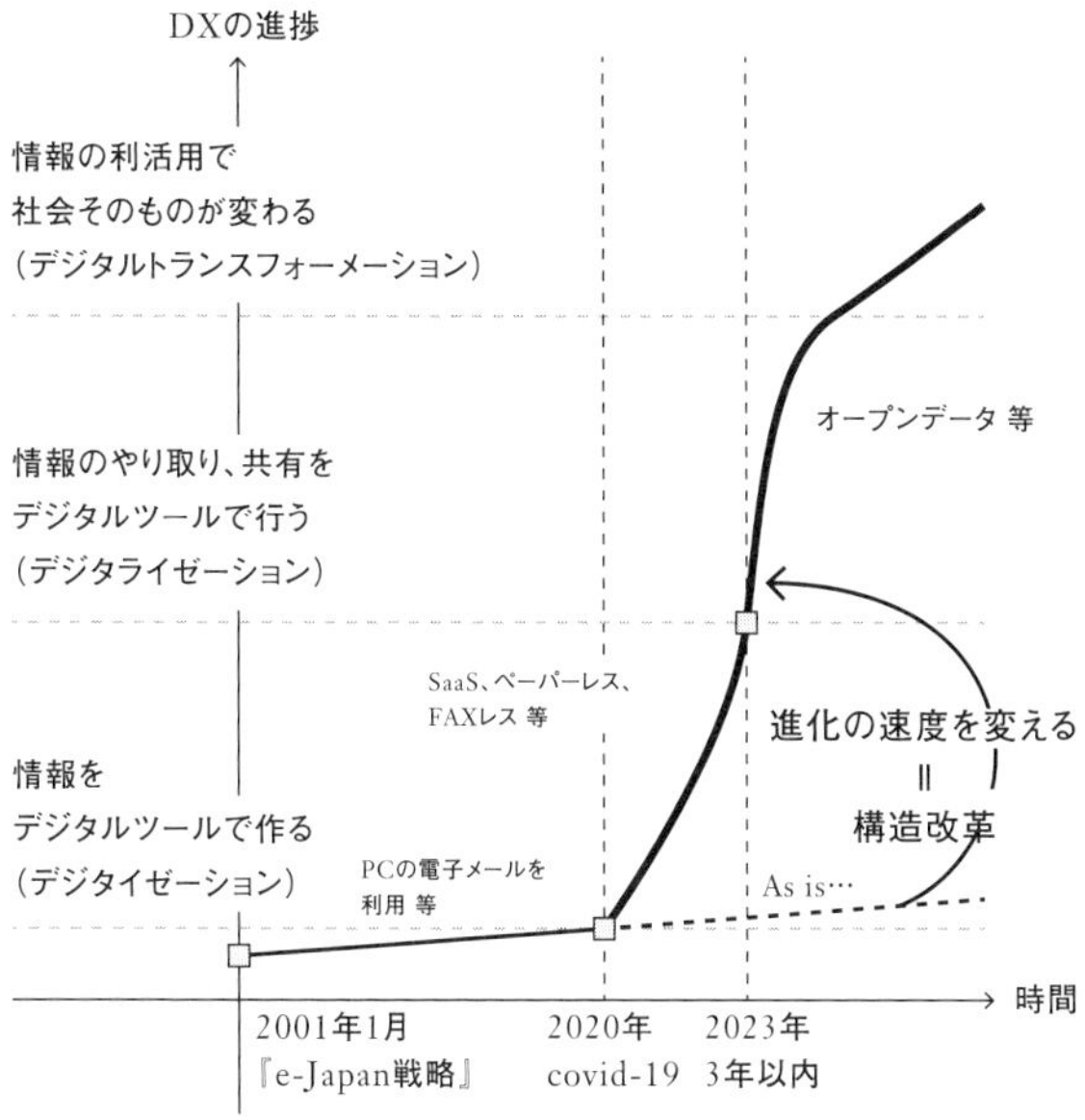

出典：都政の構造改革の第一歩は、コピー用紙1億枚削減から!?都政のDXって何？
【入都1年目の職員が副知事に聞いてみた】東京都 構造改革推進チーム（東京都 公式）note記事
https://note.com/kouzoukaikaku/n/nf331c946d73b

ここでもやはり、デジタイゼーション、デジタライゼーション、DX（デジタルトランスフォメーション）の3段階で説明されている。

そして、東京都は（本資料を作成した2020年時点で）デジタイゼーションの段階であり、2023年までにデジタライゼーションの段階まで進むことを目標としていることがわかる。

私がこれらの言葉の定義を示したのは、このデジタイゼーションとデジタライゼーション、DXの概念を理解していないと、電子ハンコの採用やマイナンバーの導入がDXであるというような勘違いをして、目的と手段が混乱してしまうリスクがあるからだ。

ここで強調しなければいけないのは、**ITツールの導入というデジタイゼーションは、将来のデジタライゼーション、その先にあるDXの実現にとって必要条件のひとつであることだ。**

ただし、十分条件ではないし、同義語でもない。そして、その過程は長く時間がかかるものであるとの認識も忘れてはならない。

これらのステップを前提として、話を一歩進めたい。

それでは、DXとAI導入は、どう違うのだろうか。これらは互いにどう関係するのだろうか。

DX5つのステージ

図3は、トニー・サルダナの近著『Why Digital Transformations Fail』（邦訳『なぜ、DXは失敗するのか？』東洋経済新報社、2021）に紹介されていたチャートを私が日本語に訳出し、さらに、先に述べたデジタイゼーション、デジタライゼーション、DXの定義とAIの関係性を加えたものである。

ツール導入による局所的プロセスの自動化や省人化はデジタイゼーション（ステージ1）であり、ステージ2から4がデジタライゼーションに当てはまる。

DXのゴールは、デジタル化したプロセスとビジネスモデルを恒久的に回しながらイノベーションを起こし続ける状態や、そのような組織体制の構築である。

つまり、会社のDNAとしてデジタルが常に浸透しきったステージ5の状態であることがＤＸの最終ゴールなのだ。

この5ステージにあてはめると、多くの日本企業は、まずこの1ステージめの基礎ステージからスタートすることになるだろう。

基礎ステージでは、部署内のプロセスの中の一部を自動化、または省人化していく。

実はこの基礎ステージの中に、デジタル化する前に行わなければいけないタスクがある。それは既存のアナログプロセスを見直して、無駄がある工程はどこかについて明確にする「ビジネスプロセスエンジニアリング」と呼ばれる過程だ。既に無駄や欠陥が判明しているアナログのプロセスをデジタル化したところで、無駄の多いＩＴシステムができあがることにしかならない。アナログプロセスを検討する時点で、デジタライゼーションをゴールにしたプロセス設計を考えることが実は大事なのだ。

そこから1ステップ進んだ2つめのステージは、縦割りされた部署で、デジタルを使った変革的なビジネスモデルや商品開発がスタートする状態だ。日本企業の多くは縦に事業部を区切っているが、ここでは事業部ごとに垂直的ななにかしらのサービスや商品開発が行われている状態をイメージしてもらえばいいだろう。

図3　DX5つのステージ

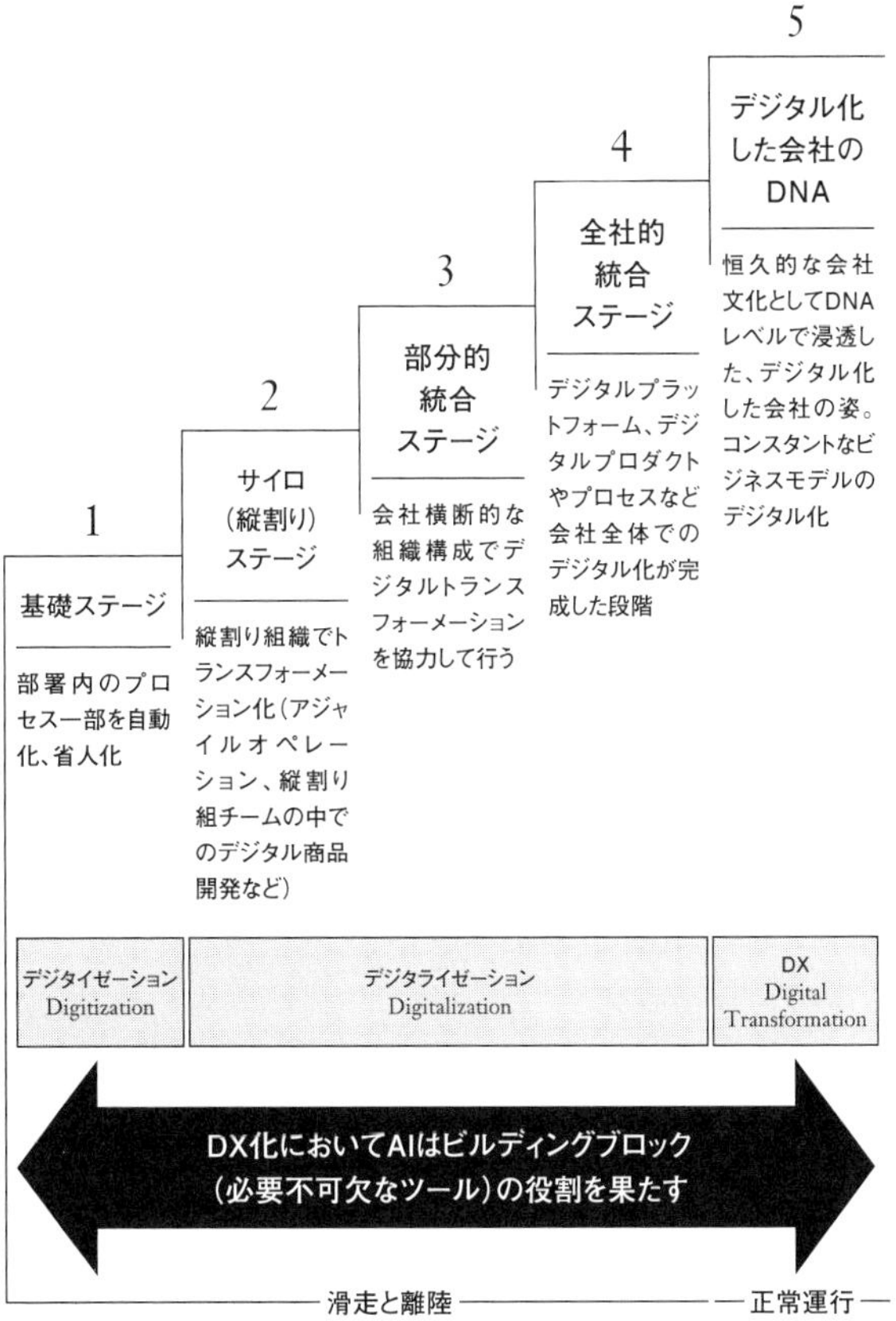

出典:Why Digital Transformation Fail by Tony Saldanhaより著者訳出

3つめのステージは、垂直ではなく、会社横断的な組織構成として、さまざまな部署が協力してDXを進めている状態を指す。この「協力」というのがキーポイントで、部分的統合ステージが第3ステージである。

第4ステージは、全社的統合ステージだ。プロセスやプロダクト開発、ビジネスモデルを根本からデジタル化していくことになる。これが完成すると第4ステージといえる。

著者のサルダナは、この1~4までのステージを飛行機の滑走と離陸にたとえている。最後のステージはデジタル運営が会社のDNAレベルで浸透しているステージを指す。飛行機にたとえるならば、離陸後にまっすぐ安定的に飛んでいる状況がこのステージだ。

この5つのステージを見ると、DXとは先の長い取り組みであることがわかるだろう。私がこれを示したのは、多くの人が、「どこかしらの部署内の、何かひとつの業務プロセスにRPA（ロボティックプロセスオートメーション）を導入して省人化すれば、それがDXである」と勘違いしているからだ。しかし、そうではない。DXというのは少しずつ積み上げていく長期戦なのである。

そして、**ＡＩはこのＤＸジャーニーにおいて、それぞれのステップを実現させ、次のステップに進むために必要不可欠なツール、すなわち「ＤＸのビルディングブロック」である**と私は考えている。

サイロ化（縦割り構造）はなぜ問題か
——マイクロソフトの事例

先ほど紹介した5つのステージのうち、第2ステージから第3ステージに移るフェーズ、つまり縦割りから全社取り組みに移行する段について、もう少し解説していこう。ここでつまずく企業が多いからだ。

マイクロソフトのCEOであるサティア・ナデラは、2014年にCEOに就任した際に「会社組織の根底に、データを成長の軸とする文化をつくりあげなければならない」と発表した。[7] 後に、ナデラは自身の著書『Hit Refresh』（邦訳『Hit Refresh（ヒットリフレッシュ）マイクロソフト再興とテクノロジーの未来』日経BP、2017）で「ＡＩは今後、我々のあらゆる行動を形づくっていく歯車のようなものである」と述べている。ナデラが発表した

7 https://news.microsoft.com/id-id/2020/11/27/how-microsoft-became-an-intelligence-driven-organization-and-how-your-business-could-do-the-same/

「ＡＩファースト宣言」というＤＸへの取り組みとマイクロソフトの組織編成は密接にかかわりがある。

たとえば、２００２年には７つの事業部に分かれて、それぞれがＰＬの責任をもって運営していたが、組織体制の変更をくり返し、２０１９年には以下の４つのエンジニアリンググループに統合した。[8,9]

①Cloud + AI Group（クラウドサービスAzure関連）
②Experiences + Devices
（マイクロソフトオフィス、スカイプ、SurfaceやXBoxなどのデバイス関連プロダクト）
③Artificial Intelligence and Research（Bing関連プロダクト、ＡＩリサーチ）
④Core Services Engineering & Operations（社内インフラとＩＴオペレーション）

とりわけ、社内のＤＸを推進する役割として４つめのチームであるCore Services Engineering & Operations（通称ＣＳＥＯ）が重要な存在になった。

それまではそれぞれの細かい事業部のＩＴインフラやサービスチームが縦割り構造で

8 https://customers.microsoft.com/en-us/story/839582-cseo-professional-services-azure-arc
9 https://en.wikipedia.org/wiki/Microsoft_engineering_groups

データを管理し、事業部の要請に沿った社内用のツール開発をしていたが、それでは会社全体を横断的に変革させることはできない。そこで、CSEOという形でプロダクトや事業部の垣根を超えた超巨大チームを社内につくったのだ。マイクロソフトの公式CSEOビデオ[10]によると、2020年現在で5500人以上の従業員がCSEOに属している。

CSEOで問題視されたのは、企業データが従来の縦割り構造のもとでサイロ化（分散）されている点だった。

というのも、マイクロソフトでは過去何十年もかけて蓄積されたデータが、製品やチーム、機能ごとにばらばらに管理されていたため、本来であれば社内共通のリソースとして他のプロジェクトにも活用できたであろうデータの価値が損なわれてしまっていた。そこで、サイロ化されたこれらのデータを信頼のおけるソースのもとに一元化し、社内の誰でもアクセス可能にするためにDXを行うことにしたのだ。

顧客や提携先、社員にとって深い洞察や知的な体験を得るための基盤となること。そして、予測値に基づき、施策などのアクションに落とし込みやすく、能動的な意思決定につなげること。これがCSEOの目指しているゴールである。

10 https://www.microsoft.com/en-us/itshowcase/working-in-cseo-the-heartbeat-of-microsoft

そのゴールを達成するために、CSEOではエンタープライズデータストラテジーという戦略をまとめた。この戦略は、次の5つの目標を念頭に置いて構成されている。[11]

①高品質かつ安全で信頼できる一元化された企業のデータ基盤を構築すること
②データを統合することで、従来のサイロ化されたアプローチでは成し得なかった方法でデータを活用する機会を創出すること
③組織全体で「責任あるデータの民主化」を推進すること
④データへのアクセスと利用に関するプロセスの効率化を推進すること
⑤卓越した製品や顧客体験の創造を可能とするマイクロソフトのパフォーマンスを損なうことなく、コンプライアンス及び規制に関する要件を満たす、または上回ること

ここから読み取れることは、**DXとは社内の抜本的な組織編成を伴うものであり、決してひとつの事業部を担当している情報システム部や、トップ直下で動く少数の人で成り立つ「DX部」単体で実現できるものではない**ということである。

11 https://www.microsoft.com/en-us/itshowcase/powering-digital-transformation-at-microsoft-with-modern-data-foundations

マイクロソフトというと、すでにDXが進んでいる会社だと思われているが、そういった会社ですら抜本的な組織変革をしているわけだ。

パロアルトインサイトにもさまざまな企業の情報システム部から依頼がくるが、事業部と連携がとれていなかったり、予算を持っていなかったりする。主体的にDXを進めるには、この縦割り構造を見直す必要がある。

一例をあげよう。

あるホールディングス（持株会社）において、子会社Aの顧客が、子会社Bにとっての発注先であるケースがある。A社が切実に必要としているデータがB社に存在することも多々あるのだ。こういった場合、情報が一元管理されていれば大きな強みになるのだが、それができている企業はほとんどない。

では、A社とB社に対してDXで情報管理しましょうとなっても、A社にはメリットがないために嫌がったりする。予算はどちらが持つべきか、という課題も出てくる。

こういったケースでは、ホールディングスが全体利益と課題を明確にし、子会社すべてが互いに、定期的にデータを取りにいける仕組みをつくる必要がある（これはホールディングスに限った話ではなく、ひとつの会社の別部署でも同じことが起こりうる。実際問題、子会社のほうが事業に関する知識もデータも多く保有しているため、ホールディングスレベルでDXを推進するリーダーたちにおいては、発言力や統率力をどのように増やしていくべきかが共通課題となっている。このことについては後に第4章で詳しく説明する）。

今後経営者のリーダーシップに必要なのは、全社的な利益を考え、DXを進められる力と、それに伴う組織編成を行う実行力となるだろう。

AWSはどのように生まれたか

早くからこの縦割りを排除し、DXの将来を見据えて、トップ自ら社員全員に会社の方向性を示した経営者がいる。アマゾンのジェフ・ベゾスである。[12]

2002年当時、ベゾスはイギリスの小売り大手マークス＆スペンサーのような第三者

12 https://nordicapis.com/the-bezos-api-mandate-amazons-manifesto-for-externalization/

の小売企業がアマゾンのシステム上にオンラインショッピングサイトを構築することを支援する「マーチャント・コム」というサービスを始めたいと考えていた。

しかし、その計画を進めるには大きな問題があった。そのようなサービスを実現するためには、地域によってページが表示される時間が変わらないようにネットワークをクラウド化する必要があったのだが、それを実現するために必要な社内基盤がなかったのだ。

当時のアマゾンでは、各プロジェクトがそれぞれインフラ構築をしていたため、非常に非効率な作業が発生していた。縦割りになった部署が独自に開発環境をつくるのに何カ月もかかってしまうのだ。

アマゾンの電子商取引サービスのように利益率の低いビジネスでは、システム設計を可能な限り無駄なく効率的にするやり方が求められる。そこで、サービスインターフェースを一元化するプロジェクトに踏み切ったのだ。

このプロジェクトの過程で、各チームはデータベースやストレージ（データを保管しておく場所）などのインフラサービスを一元化して運用するノウハウを培った。

また、セキュリティの面でも、安全で費用対効果の高いデータセンターを拡張性が高い形で設計、運用する手法を培っていった。

データを縦割りで管理するのではなく、すべての開発者（アマゾン内のエンジニアだけではなく、外部のエンジニアも）がAPIを通してアクセスできる形にする。そのための社内環境をつくる必要があることを、ベゾスは2002年には見据えていた。さすがというほかない。

もうおわかりかと思うが、これが、AWS（Amazon Web Services）の開発につながった。つまり、アマゾンは自社のために開発したAWSをツールとして外販していることになる。

DXを語るうえでアマゾンのAWSは避けて通れないので、ここで少しおさらいしておこう。AWSとはアマゾンが運営しているクラウドサービスのプラットフォームで、現在マーケットシェアの4割を獲得している。ネットフリックスやエアビーアンドビーなどのIT企業が利用しているサーバもAWSである。

弊社パロアルトインサイトもAWSをあらゆる面で活用しており、ソフトウェアやAIの開発において必要不可欠な存在になっている。

AWSは現在、アマゾンのすべての事業の中で営業利益の63％を稼ぐ、最も重要な事業になっている。[13] ベゾスの後任にAWSのCEOだったアンディー・ジャシーが選ばれたのもうなずけることだ。

非常に規模の大きな話だが、DXを進めるステップを理解するうえでわかりやすい事例なのでご紹介した。

カタツムリステップと馬跳びステップ

先ほどDXは長期戦だと述べた。しかし、だからといって悲観的にならないでほしい。デジタルネイティブなIT企業以外の、伝統的な会社がDXを進める際には、2つの道筋がある。

先述のトニー・サルダナの著書で紹介されていたコンセプトだが、ひとつは、カタツムリステップといって、階段をのぼるように段階的な進化をとげる方法。もうひとつは、英語でリープフロッグというのだが、馬跳びするように階段を複数段跳び越す方法だ。

13 https://www.geekwire.com/2021/amazon-web-services-posts-record-13-5b-profits-2020-andy-jassys-aws-swan-song/

たとえば、パロアルトインサイトが取り組んでいるＡＩプロジェクトのひとつに、あるメーカー企業Ａ社との案件がある。

Ａ社は消費財商品関連の製造販売を主事業としている老舗企業だ。消費財を製造している工場の工場収益を高めるため、生産量の予測をするＡＩ開発を行った。

これは、図４の５ステージにあてはめると、ステージ１にあたる。

なぜステージ１かというと、製造管理の現場における部分的なＡＩ導入なので、まだ基礎ステージなのである。

しかし次のステップは、縦割りのステージ２をとばして、ステージ３に突入する。商品開発も営業もマーケティングも横断しながら協力して生産量予測ＡＩを活用し、会社全体がデジタルプラットフォーム化していくことになるからだ。

これが、馬跳び型のプロセスである。

Ａ社での生産量予測のＡＩ開発は、一見単なるデジタイゼーションに見えるかもしれないが、その先には戦略的なデジタライゼーションのビジョンがある。このデジタライゼー

図4　伝統的な会社でDXを行うときの5ステップ

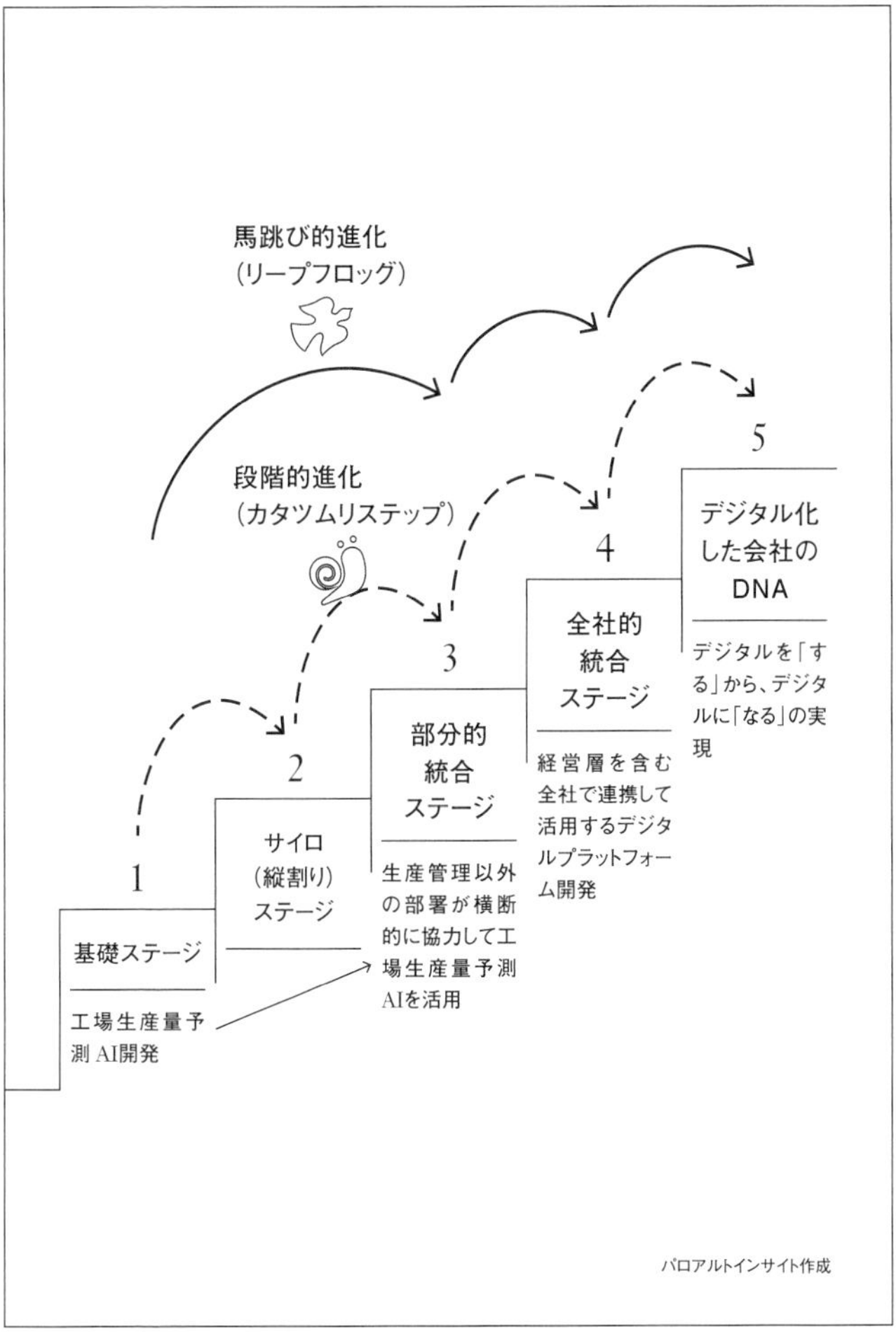

ションのビジョンがなければ、DXの実現には結びつかない。

逆にいえば、デジタライゼーション、そしてその次のステージであるDXへの道のりが描けないようなAI導入ならば優先順位を下げるべきであろう。

また、DXとは常にゴールドリブンに設計して逆算的アプローチでプロジェクト計画を立案、実行するものであることも理解いただけるかと思う。

カタツムリステップを選ぶにしても、リープフロッグをするにしても、最初にこの5ステージを見据えて、逆算しながらプロジェクトを選ばないと、局所的プロジェクトの途中でプロジェクトでカバーすべき範囲が広がり、予算オーバーになり頓挫する。

IT企業の提案を鵜呑みにするとプロジェクトのゴールが不明瞭になり社員の士気が下がる、というリスクもある。

逆にいうと、2ステージの部分的統合や、3ステージの全体的統合のステージになったとき、他の部署との連携がとれないようであれば、それは最初に手をつけるべきプロジェクトではないともいえる。

DXでオールドメディアを事業再生する
——ワシントンポストの事例

たった数年で、デジタイゼーションからデジタライゼーション、そしてDXまでの軌跡を描いたワシントンポストのケースをご紹介しよう。先述のトニー・サルダナの著書でも紹介されていた、有名なDXの成功事例だ。

皆さんご存じのように、ワシントンポストはアメリカの歴史ある新聞社だ。デジタルネイティブでは全くないこのオールドメディアを、アマゾンのジェフ・ベゾスは見事に事業再生した。

ベゾスがワシントンポストを250億ドルで買収したのは2013年のことだ。この年、ワシントンポストは前年度比で売上が12%も減少していた。ところが、たった4年でベゾスはこの会社を黒字化させている。

サブスクリプションの有料会員は前年比で75%アップ。ウェブサイトのビジターの数がニューヨークタイムズを超えるところまで成長した。

ベゾスは、ここで何をしたのか。それを知ることは、現在、伝統的な企業でDXを担当する人たちにも大いに参考になると思う。

ベゾスが最初にやったのは、ビジョンの作成である。ローカル紙であったワシントンポストを、ナショナル紙にするというビジョンだ。

ここで少しアメリカの新聞事情を説明すると、アメリカには日本でいういわゆる「全国紙」というものがあまりない（ニューヨークタイムズやウォールストリートジャーナルを除く）。朝日、読売にあたるような新聞社はなく、北海道新聞や中京新聞などのようなローカル紙の位置づけで、ワシントンポストやロサンゼルスタイムズなどが存在する。

ベゾスは、このローカル紙を、国民的な全国紙にしようとしたのだ。

もうひとつ、ベゾスが明確にしたビジョンがある。ソフトウェアを一から内製化するということだ。当時、ベゾスはインターネットにビジネスを奪われたと嘆いているワシントンポスト社の社員にこのように言ったという。

「インターネットが新聞業界を奪ったと愚痴をこぼすのは終わりにして、長期的なビジョンを持つことが大事だ。インターネットは新聞業界に新しいビジネスモデルをもたらしたのだから」[14]

ベゾスは50億円相当を投資して、ワシントンポストのエンジニアの数を3倍に増やした。ジャーナリストや編集者だけに投資するのではなく、エンジニアにも投資をするようにした。

さらには、エンジニアがいつでもベゾスに質問できる環境をつくり、SNSを通してニュースが共有されるという新しいニュースの読み方を推し進めていった。たとえば、記事を読むときにコンマ何秒で表示されるかといったデータを収集し改善に努めるなど、アマゾンの顧客中心主義をワシントンポストにも取り入れたのだ。

そして、ここがすごいところなのだが、ワシントンポストがデジタル化する中で培った知見を盛り込んだデジタル化支援ツールをローカルの新聞社に販売したのである。これはまさに、AWSの戦略とまったく同じだ。

社内のプロセスの簡素化、自動化、改善のために開発したツールを商品化して同じニーズを抱えている企業に外販する。自分たちが一番顧客のニーズを理解しているのだから、これほどの「おいしい」ビジネスはないだろう。

新聞社だからといって記事を販売するだけではなく、ツールの開発に注力したところな

14 https://www.npr.org/sections/alltechconsidered/2017/06/13/531099577/at-washington-post-tech-is-increasingly-boosting-financial-performance

どは、まさにデジタルカンパニーへの大転換である。

この手法は、その後ニューヨークタイムズにも応用されている。

先日、ニューヨークタイムズはサブスクリプション事業に明るいメレディス・コピット・レヴィンを新しいCEOに迎えた。

彼女はインタビューにおいて、「ニューヨークタイムズは、メディア会社ではなく、デジタルカンパニーである」と明確に語っている。デジタル戦略、購買といったところの広告収入だけではなく、ポッドキャストやビデオなどを使って生き延びていく戦略を打ち出している。

データビジュアライゼーションツールとして有名なディースリージェイエス（D3.js）を開発したことで有名なマイク・ボストックもニューヨークタイムズに勤務していたことで知られている。私の友人もニューヨークタイムズでデータサイエンティストとして働いているが、「こんなに楽しい会社はない」と言っている。

日本では、優秀なデータサイエンティストが新聞メディアで働くというのは想像できないかもしれない。しかし見方を変えれば、ワシントンポストやニューヨークタイムズは、過去何百年分もの記事に関するデータを持つ会社でもある。こういった会社がITカンパニーとして舵を切ると、膨大なデータを武器にさまざまなプロジェクトを実行できる可能性が出てくる。

また、当然ながら社会に対する影響力も大きいため、優秀なデータサイエンティストが大手メディア会社に魅了されるのも理解できることだ。

このような方向転換は、日本の伝統的な企業においても、参考になるのではないだろうか。

第2章以降では、これらを踏まえたうえで、より具体的なDXの進め方と効果的なAI導入について話を進める。DXを推進する際に直面する壁とその超え方について、実際の事例を交えて紹介していく。

DXを推進するために超えるべき壁①

第2章

「何から手をつければいいかわからない」

ＤＸ推進を阻む３つの壁

この章からは、ＤＸ推進を考えている経営者や担当者が具体的に何を意識すればよいかについて解説していく。

パロアルトインサイトでは、これまでＡＩビジネスカンパニーとして１００社を超える企業とＤＸに欠かせないＡＩ導入の話を進めてきた。

さまざまな経営者やＤＸ担当者とやりとりをしてきた経験から、ＤＸ推進には大きくわけて３つの壁が存在することがわかった。

①ＦＯＭＯの壁……課題把握能力が低く、実行できない状態

「とりあえずＤＸを推進せねば」「ＤＸをやらないと企業価値が下がる」と考えてはいるが、何から手をつければいいかわからず、具体的に実行に移せない状況を指す。

②ＰＯＣの壁……課題把握能力は低いが、実行力はある状態

さまざまなプロジェクトで仮説検証をくり返すが、成果につながる導入ができない状態。POCばかり回して事業化に至らない状況を指す。

③ イントレプレナーの壁……課題把握能力は高いが、実行力が足りない状態

どの分野でDXを推進すればよいかのフォーカスは合っているのだが、社内外のリソースが集められない状況を指す。

ここからは順を追って、DXで表出する3つの壁について説明する。そして、それぞれの壁を超えるために、何に気をつければよいかを指南したい。

また、それらを解説したあとに、DX推進がスムーズに進むケースについても解説する。

本章では、「とりあえずDX推進」と考えてしまう、FOMOの壁の超え方について話そう。

図5　DX推進を阻む3つの壁

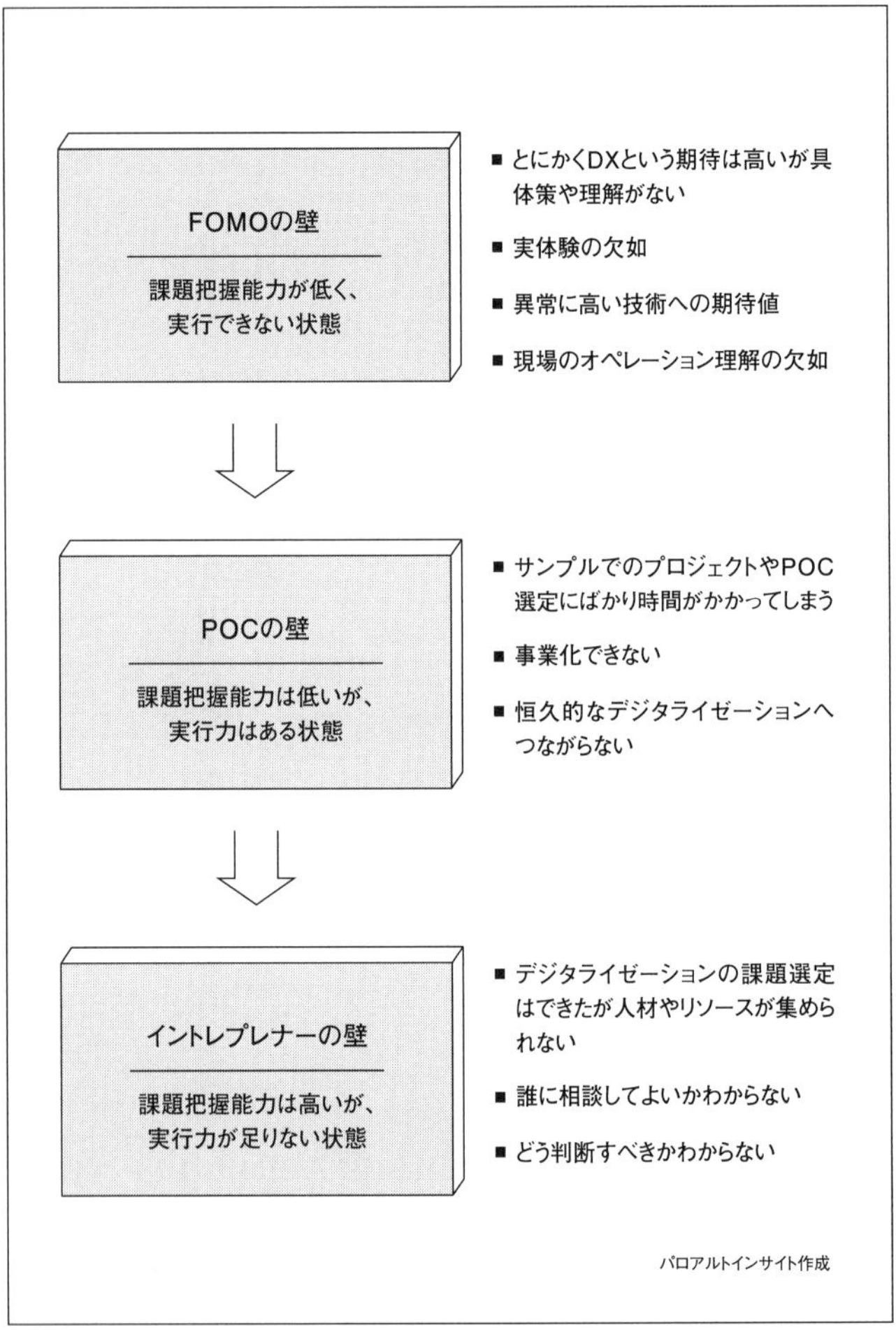
FOMOの壁
課題把握能力が低く、実行できない状態
■ とにかくDXという期待は高いが具体策や理解がない
■ 実体験の欠如
■ 異常に高い技術への期待値
■ 現場のオペレーション理解の欠如
POCの壁
課題把握能力は低いが、実行力はある状態
■ サンプルでのプロジェクトやPOC選定にばかり時間がかかってしまう
■ 事業化できない
■ 恒久的なデジタライゼーションへつながらない
イントレプレナーの壁
課題把握能力は高いが、実行力が足りない状態
■ デジタライゼーションの課題選定はできたが人材やリソースが集められない
■ 誰に相談してよいかわからない
■ どう判断すべきかわからない

パロアルトインサイト作成

「課題は見えないが、とにかくDXを推進したい」の危険

FOMOという言葉をご存じだろうか。これは「Fear Of Missing Out（置いていかれることを恐れる）」の頭文字をとった言葉だ。

たとえば、みんなに取り残されたらどうしようと考えて、行きたくもない飲み会を断れない。または、大事な情報を見逃すかもしれないという恐怖心でフェイスブックの巡回をやめられない。そういった心理状態のことをFOMOという。

シリコンバレーでは、「FOMOであってはならない」という文脈でよく使われる。私自身も、自分の人生からFOMOをいかに排除するかを自分の課題にしている。

DX担当者の中には、知らず知らずのうちに、このFOMO状態に陥っている人が多い。そして、それも無理のないことだと感じる。

たとえば、DXという名のバスがバス停に止まっていて、あと1分で出発してしまう場面を想像してほしい。バスにはたくさんの乗客が乗っている。このバスよりはるか前に出発し、すでに目的地に近づいている乗客のニュースも日々耳にする。

そんな状況では、焦りも生まれるだろう。

「今、このバスに乗らなかったら、もう次のバスは来ないのではないか」と、行き先もわからないまま、とりあえず乗り込んでしまう気持ちもわかる。しかし、この心理状態のままDXを進めようとすると、多くの場合はプロジェクト半ばで頓挫する。

最近聞いた話だが、FOMOの罠にはまってしまったある経営者が、とりあえずDX室のようなものを社内に設立した。設立にはさまざまなビジネス的思惑があったようだが、箱だけをつくってしまい中身がない。室長はあてがったが、実態がないのである。

技術チームはなんとか数人のエンジニアを確保したものの、DX室のアジェンダ、ビジョン、目的やロードマップが明確でないと、小さいAI導入プロジェクトやデータ解析案件もスタートできないだろう。

結果的に社内のヒアリングに時間を費やして、コンセンサスの取得に試みては失敗をくり返し、当初やりたいと思っていたプロジェクトも始められない状態であるという。

典型的なFOMOの罠である。

パロアルトインサイトにも、ときどき「とにかくDXを進めたい。AIって、いろいろできるんですよね？」のような漠然とした相談をいただくことがある。

そこまで極端ではないにせよ、「DXの担当になったが、何から手をつければよいのかわからず、とりあえずシステム会社の資料を片っ端から取り寄せている」といった声はよく聞く。

同時に、とりあえず形から入るのが大事だということで「DX推進室」「DXセンター」などを設けたはいいが、実際には社内から上がってくる情報システム関連の依頼（たとえば、会計ソフトをアップデートしてほしい、製造管理システムを部分的に変えてほしいなど）をリスト化するだけになっているところも多い。これではDX実現に時間がかかるどころか、目の前の細かいIT関連依頼に振り回され、本末転倒な結果を迎えかねない。

または、これらのリストに優先順位をつけて、できることは内製化、できないところは外部ベンダーに発注するという、情報システム部＋調達部のような存在になっている部署もあるだろう。

もしあなたが、このように「とりあえずDXを推進せねば」という焦りでFOMO状態に陥っているのなら、一度「何のためにＤＸを推進するのか」に立ち戻る必要がある。

デジタル庁の取り組みの課題点は何か

「何のためにＤＸを推進するのか」。この問いに答えられないまま（つまりＦＯＭＯの壁に突き当たったまま）、ＤＸを進めるべきではない。

というのも、この質問に的確に答えらないまま、やみくもにデータを集めても、膨大なコストとリソースが発生するだけだからだ。

パロアルトインサイトでも、データの統合やクラウド化などのプロジェクトを多く行っている。

しかし、どういうシーンを想定してデータを活用したいのかといったビジョンやユースケース（どんなシーンで利用するのか）の理解がないまま、ひたすらデータ統合するのは、大きな無駄を生む。場合によっては、バラバラのシステムだったからこそ簡素化できてきた工程が、複雑になってしまうリスクすらある。データやシステムの統合は、その目的を議論しなければスタートすべきでないのだ。

目的の議論というと難しく聞こえるかもしれないが、そのためには、ユースケースを明確にすることが重要だ。ユースケースから逆算して、関連のあるシステムやデータの所在を明らかにするといった順番で考えるといいだろう。

これらは、たとえばデジタル庁の課題を考えることでもよくわかる。

自民党が提出したデジタル庁への提言内容によると、デジタル庁を各省庁の調整機能的な組織にするのではなく、内閣直属で、強い権限を有した常設組織にしたいという。

取り組むべきアジェンダとしては、マイナンバーデータを中心としたマスターデータの整理や一元化、地方公共団体でそれぞれに調達、整備、運用されているITシステムの共通化、デジタル化に不可欠な人材育成やリテラシーの育成などが挙げられている。

しかし、ここまで読んできた読者の皆さんなら、この「マスターデータの整理や一元化、地方公共団体でそれぞれに調達、整備、運用されているITシステムの共通化」が、何のために行われるかが明確になっていないことが課題だとわかるだろう。

具体的な目的や戦略についての議論が不足したまま、DX強化という言葉ばかり先行しないように気をつけながら、議論を具体的に進める必要がある。

たとえば、マイナンバーで一元管理することは、国民にどんなメリットがあるのか。どんなシーンで利用されると考えているのか。そのために必要なデータセットは何なのか、といったことだ。

デジタル庁に期待したいことは、「DXのためのDX」、つまりFOMOの罠にはまらずに、「何のためのDXなのか」「どんな課題解決のためのデジタル化なのか」をユースケースレベルで明確にして目的を定義づけることだ。

その共通目的のもとに各省が連携体制をとらないと、何億円、何十億円もかけて各省庁や公共団体のシステム統合をしたはいいけれども国民の生活の質は変わらない、という本末転倒なことにもなりかねない。

たとえばシンガポールでは、国民はIDを持っていれば、さまざまな行政手続きができるようになっている。そして、このサービスに90％の国民が満足しているといわれている。シンガポールが早い段階でコロナの封じ込めに成功したのも、この一元化されたデータのおかげだといわれている。

シンガポールでは登記などもオンラインで全部できるようになっている。パスワードもすべて一律で管理されているので、ビジネスを立ち上げやすい国として、企業家や投資家が集まってきた。

これは、リー・シェンロン元首相がIT化を国の差別化戦略としてかかげ、自身がリーダーシップをとってプロジェクトを進めたことが成功の要因だといわれている。

日本では、どのような体勢で今後DXを進めていくのだろうか？　デジタル庁がすべてを管轄するのか。それとも首相官邸がイニシアティブをとるのか。実行部隊はどこになるのか。課題は山積している。

しかし、先に紹介したシンガポールをはじめ、アメリカや台湾、エストニアなど、デジタル国家としての戦略づくりが進んでいる国を参考にできるというメリットもある。

それでは、FOMOの壁を超えるためには、まず何から手をつければいいのか。国家レベルでも、企業レベルでも、まず取り組まなくてはならないのは、課題の抽出である。

企業の課題を抽出する

ＤＸを進める第一歩は、何をやりたいのか。どんな課題を解決したいのかを明確にすることだ。

課題の抽出というとひるんでしまうかもしれないが、それほど難しく考える必要はない。私たちがクライアント企業とＤＸを進めるときには、経営者と事業部の担当者や現場の担当者にヒアリングをくり返して、経営課題を洗い出していく。

ここで聞くのは「あなたが今、抱えている課題を教えてください」というシンプルな質問だ。いったん、ＤＸに関係ありそうなものも、なさそうなものも、すべて出してもらう。すると、経営者はもちろんだが、各事業部や現場からもどんどん課題が出てくる。

この時点で大事なのは、課題の粒度や詳細は気にしないこと。たとえば「今使っているＣＡＤシステムがすごく使いにくい」というような課題でもいいし、もっと大局的な「事業部における売上が過去10年ずっと減っている」でもいい。

一例をあげよう。事務作業における課題の例だけでも、次のように多数の課題が上がってくる。

・事務業務を自動化したい
・カタログの改訂を効率化したい
・契約文書を自動作成したい
・IR文書の作成業務を省人化したい
・伝票の訂正業務を自動化したい
・アルバイトを効果的に配置したい……

課題に正解も間違っているもない。この時点では、とにかく粒度を気にせず集めることが重要だ。

ひとつ注意したいのは、社内でヒアリングをする場合だ。
多くの場合、DX室のような部署は社長直下の少数チームで構成されている。そこで、ヒアリングをされる事業部の人が、「こんなことを言うと、（トップに筒抜けになっているから）成績に響くかもしれない」と感じると、肝心な課題はあがってこない。

一番簡単なのは、第三者の立場である外部のプロフェッショナルファームを利用することだが、もしも社内でアンケートを行うのであれば、心理的安全性を担保できる環境が必須条件になる。

その場合、**「将来的に競争優位性を獲得していくための一環としてＤＸを推進したいから、まずは現場にどんな課題があるかを理解したい」**という経営者の姿勢を、社員に納得してもらってから調査を進める必要がある。

パロアルトインサイトが入って課題抽出を行った場合、課題がほとんど出てこない会社もあれば、２００近くの課題をエクセルでまとめて提出してきてくれる企業もある。

この違いは、決して社員の質の違いではない。ＡＩ導入やデジタイゼーション、デジタライゼーション、そしてその先にあるＤＸによって「社員の仕事が脅かされるのではなく、より快適に仕事ができるようになる」というゴールをトップが理解し、社員に伝えているかどうかの違いなのだと私は考える。

実際「自分の仕事はいつかテクノロジーに奪われてしまうのではないか」と心配をしている社員は少なくないだろう。その社員の心理的ハードルを理解、共感する姿勢を持つこと。そして、別の組織を用意するなどしてキャリアパスを明確に提示するといった組織体制を整えることで、よりオープンに課題を打ち明けられる土壌がつくられるのではないだろうか。

「その課題はAIで解決できるか？」

課題がテーブルの上にあがってきたら、その課題はAIまたはその他のデジタイゼーションツールで解決できるものかどうかを判断する必要がある。

先ほど、DXの推進にはAI導入が不可避だと話した。しかし、**課題によってはAI導入が功を奏するケースもあるが、AIを活用しなくても解決できる課題もある。**

また、AIで課題を解決するためには、その課題を解決するために必要なデータを取得しなくてはならない。逆にいうと、データを取得できない限りは、その課題はAIで解決するのに向かないといえるだろう。

たとえば、「営業作業の均質化」という課題があるとする。優秀な営業担当者と新人で営業の間に大きな差があるから、それを均質化したいといった課題だとしよう。

その場合、優秀な営業とそうでない営業のデータは存在しているのか。もしこれから取得するとしたら、そのデータをどのように取得するのか。取得に際してノイズは入らないか……というように、現実的に有効なデータを手に入れることができるかどうかを考える必要がある。

自社でデータを取得できないケースならば、第三者機関に依存するのか。購入しなくてはならないのであれば、権利問題はどうなるかといったことも検証する。

誰かに依存しないと取得できないデータは、継続性に欠けることが多い。逆にいうと、すでに検証可能なデータが自社にある場合は、実現可能性が高くなる。

データがないとＡＩ導入できない？

ＤＸ推進のためのＡＩ導入の話をすると、「データがないから無理だ」とか、「データがそろってからじゃないと、話を進めても意味がない」と考える経営者や担当者がいる。

その認識は、半分は合っているが、半分は間違っている。確かにデータがないと、データを解析するデータサイエンティストは仕事ができないのだが、一方で、プロの目が入っていない場合、活用できないデータを何年もかけて収集しているケースもある。

課題を解決するために、どのデータが重要で、どの頻度でデータを集めればよいか。その議論は、AI導入を考えたスタート地点からデータサイエンティストを交えて行うと無駄がない。


ある日本のクライアントの例をひとつご紹介しよう。

その企業は、新しく食品を生産する工場を建設する予定だった。その工場において、どのような状況下であれば最適な食品を生産できるのかを計測し、生産ラインをDX化したいと考え、われわれに相談にきたのだ。

「どのような状況下であれば」といっても、温度や湿度、照度に加えて、さまざまな組み合わせが無限にある。どの組み合わせが最終的な生産物に最適な相関性を及ぼすのか。AI導入によってそれを計測し、生産の最適化をはかる方法を、データサイエンティストを交えて協議した。

このクライアントの場合、工場を新しく建設するタイミングで相談にきてくれたので、そもそも工場のどこにセンサーをつけるべきか。どんな条件を測定すべきかから提案をすることができた。これは、AI導入を進めるうえで、後戻りがなく非常に効率的である。

このように、**AI導入の上流工程からデータサイエンティストに相談することで、無駄なく有効なデータを取得することが可能になる。**

パッケージ型か、カスタムメイド型か

一口にAI導入といっても、ものによっては、既成のパッケージ型AIで対応できる場合もあるし、カスタムメイドのAIが必要な場合もある。

パッケージ型のAIは、英語ではオフ・ザ・シェルフ（棚に売られている）、またはクッキーカッター型ソリューションと呼ばれている。同じ形のクッキーがいくつも切り抜ける、あのクッキーカッターだ。

たとえば、顧客からの問合せに自動的に回答してくれるチャットボットなどが典型だ。こういったチャットボットは、どんな会社でも導入しやすいパッケージ型AIのひとつである。こういったクッキーカッター型を導入することによって、売上が上がったり、省人化が進んだりするのであれば、どんどん取り入れるといいだろう。

ただし注意しなくてはならないのは、このようなパッケージ型のAIはどんな会社でも導入することができるので、会社として大きな競争優位性にはならないことだ。DXを進めるのであれば、導入後に競争優位性が大きくなるような課題解決を行いたい。

世界のAI潮流マトリクス

パロアルトインサイトが独自に作成した、世界のAI潮流マトリクス（図6）を見てほしい。最近のトレンドであるAIの導入について2つの軸でまとめている。実際にはもっと多くのAI事例が入るのだが、今回は簡略化したものを紹介する。

まず、上下の軸は、AI導入の目的を示す。

上下の軸の上は強化型AIとした。これは、今まで人間だけではできなかったようなこと、または気づかなかったようなことを気づかせてくれる補助的ツールとして使用する場合のＡＩ導入だ。この強化型ＡＩは、英語ではAugmentation（増大、拡大）とかEnhancement（強化、増強）などと呼ばれる。

一方、自動化や省人化など、効率を上げる目的で導入するＡＩを自動化型ＡＩとした。このマトリクスではオートメーション化を手助けするＡＩを下のほうに配置している。

左右の軸は、先に話をしたように、パッケージ型かカスタムメイド型かを示している。右にいけばいくほど導入後の競争優位性がより高くなる。

もちろん、パッケージ型のＡＩを導入するところから社内のＤＸを推進する方法も否定はしない。ただし、チャットボットを導入するだけで終了となると、そこに明らかな競争優位性は生まれないし、ＡＩ導入によるインパクトをもたらすことはできない。たとえば、チャットボットを布石として、そこから得られるデータを使って、徐々に右側に移行していくというように、段階的戦略を考えていくことが望ましい。

具体的に、どのような課題ならばＡＩ導入で解決しやすいのか、経営インパクトをもた

図6　世界のAI潮流マトリクス(簡略版)

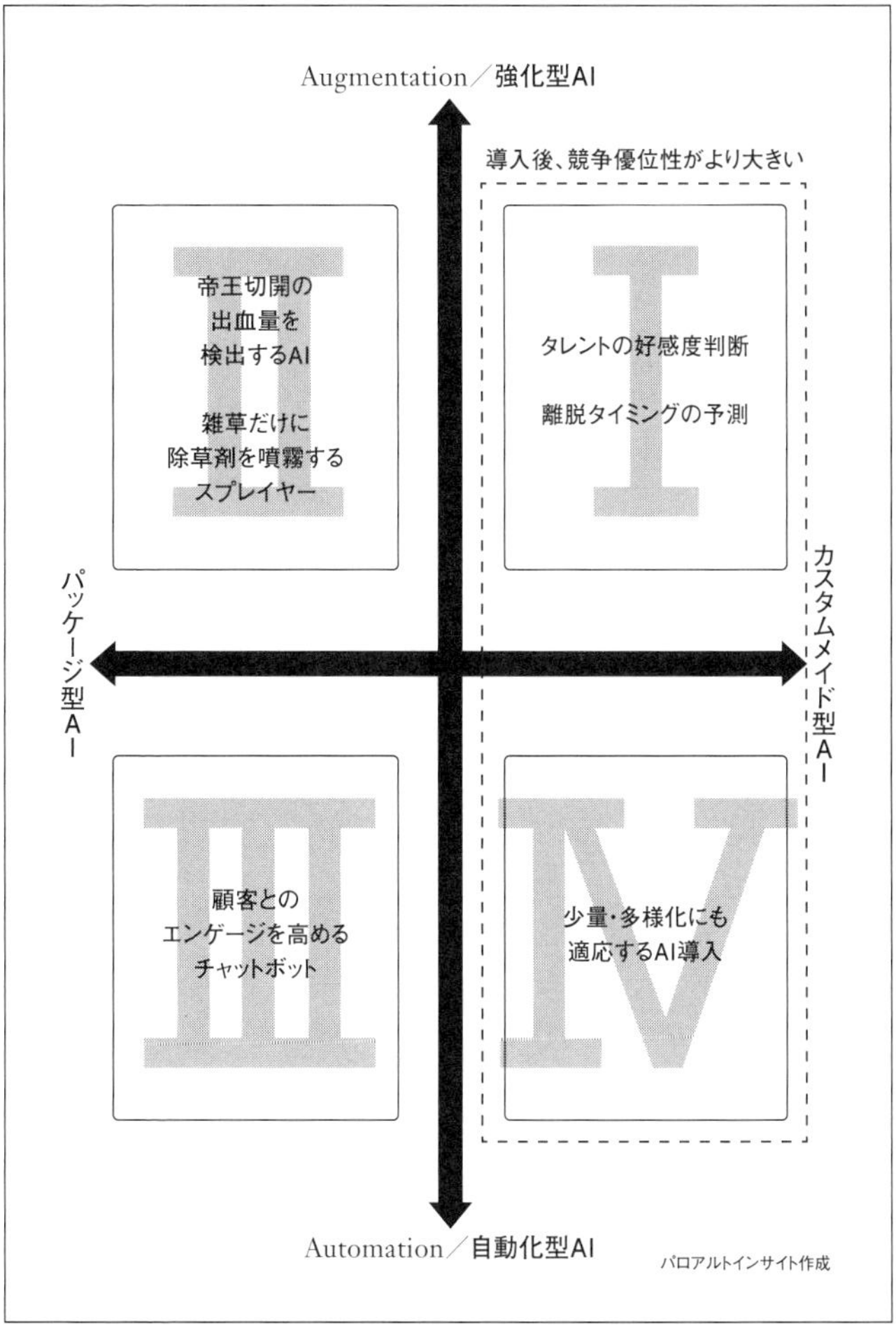

らしやすいＡＩ導入はどのようなものかといった判断基準は第3章で詳しくお伝えする。

ここでは、ＡＩ導入がどのような経営インパクトをもたらすのか、そのイメージを持ってもらうために、さまざまな分野の企業がＡＩ導入によってどのように変化したのか、いくつかの事例をお話ししたい。

事例：帝王切開の出血量を検出するＡＩ（強化型×パッケージ型）

マトリクスの左上部分（象限Ⅱ）から見ていこう。強化型×パッケージＡＩの事例として、シリコンバレーのガウス・サージカル社が開発したトライトン（triton）という製品を紹介する。帝王切開の際の出血量を自動的に測定するアプリだ。

現在、帝王切開で赤ちゃんを産む人の割合はアメリカで約32％[15]といわれていて、この数字は年々増えているそうだ。

帝王切開のリスクは、出血と失血で、その量が多いと合併症などを引き起こす原因となる。それを解決するために開発されたのがこのアプリだ。

帝王切開のときに血を吸ったスポンジをｉＰａｄにかざすと、その画像から出血した量

15 https://www.cnn.com/2018/10/11/health/c-section-rates-study-parenting-without-borders-intl/index.html

を検知してくれるものである。おそらく血液の色の濃さと面積における画像認識機能を利用しているのだと思われるが、これを使うことによって、目視のみの医師より6％も多く失血を検知することができるといわれている。

これは、アプリさえインストールすれば（導入の際のカスタマイゼーションがある程度は必要かもしれないが）どの病院でも使用できるので、パッケージ型AIといえる。また、医師の能力を強化するためのAIなので、強化型AIともいえるだろう。

事例：雑草だけに除草剤を噴霧するスプレイヤー（強化型×パッケージ型）

もうひとつ強化型のAIとして挙げられるのが、ジョン・ディア（John Deere）というブランドで知られる、世界最大の農耕機メーカーのディア・アンド・カンパニー（Deere & Company）の事例だ。

ディア・アンド・カンパニーはもともと、トラクターなど農業機械を製造販売する企業で、とくにAIに強みをもった会社ではなかった。しかし、数年前にシリコンバレーのブルーリバーテクノロジーというAIの会社を買収し、その会社と組んで農業用のカメラを開発した。

これが、シー＆スプレー（See & Spray）という製品で、世界で最初のスマートスプレイヤー、つまり、スプレーをするカメラ（＝カメラ付きスプレー）である。

このカメラはＣＮＮというＡＩ技術を使って１００万枚以上の画像を解析し、作物と雑草を見分けることができる。そしてその画像解析をもとに、雑草にのみピンポイントで除草剤を散布することができるというものだ。

除草剤は環境にもよくないし、コストも高かった。けれども雑草だけにスプレーできるとなれば、除草剤の使用量も減るし、作物に対する残留農薬の数値も下がる。

ＡＩの使用事例として、私がこれを画期的だと考えるのは、雑草を画像で見分けるだけではなく、実際に農業機械というハードウエアと融合して、除草剤を散布できるようになっている部分だ。

これもやはり、効率化をはかる目的でのＡＩ導入ということになり、強化型ＡＩに近いと考える。

事例：顧客とのエンゲージを高めるチャットボット（自動型×パッケージ型）

マトリクス左下の枠（象限Ⅲ）の事例も紹介しよう。

パッケージＡＩ型の中でもより自動化に近い例としては、先ほどから何度か出てきているチャットボットがあげられる。

日本でチャットボットを使用する場合、「お客さまセンターの効率化&自動化」として導入されることが多いが、アメリカの場合は、マーケティングツールや、顧客とのエンゲージメントを上げるためのツールとして利用される例が増えてきている。

たとえば、チャットボットを扱うモード・エーアイ（Mode.ai）という会社は、アパレルブランドに「顧客とブランドがより仲良くなるための手段」として利用されている。

同社のチャットボットを利用しているブランドには、ルイ・ヴィトン（Louis Vuitton）などがある。

ルイ・ヴィトンのアプリのビジュアルサーチのページでは、ＡＩが「今日はどんな商品を探していますか？」と顧客に尋ねる。顧客が写真をアップすると、「いまアップした写真の、トップスに似た商品を探しているのか？　それともバッグに似た商品を探しているのか？」とさらに聞いてくる。顧客が「バッグ」と答えたら、そのビジュアルに似たバッグを一覧表示してくれるといった具合だ。

このモード・エーアイは、さまざまなブランドに導入されている。パッケージ型のAIではあるが、ブランドに合わせて簡単にカスタムできる余地を残した技術で開発されているために、横展開しやすいのだろう。

事例：タレントの好感度判断（強化型×カスタム型）

カスタム型のAIにはどのようなものがあるかについてもご紹介したい。

これは、われわれが日本で開発した事例のひとつだが、大手芸能事務所のホリプロと、SNSの投稿をAIで解析する事業を行っている。

これはまさしく強化型のカスタム型AI（マトリクス右上、象限I）といえるだろう。これまで見えなかった、タレントに対する評価を客観的に解析し可視化するツールで、これを使ってタレントの育成や営業活動につなげる。

これまでも、タレントに対するファンの声を集め、マーケティングに役立てていくことはマネージャーの重要な仕事と考えられていた。しかし、ファンの声だけを聞いていると、情報や感想に偏りが出やすい（マーケティング用語ではこれをエコーチャンバーという）。今後はファンではない人の意見も広く集めながら、客観的な判断ができるようにするのが、ＡＩの導入目的だ。

具体的には、タレントに関するコメントや、本人の発信に対するＳＮＳの反応を集めてＡＩで解析している。タレントの好感度を可視化したり、タレントの発言がどのように視聴者に影響したかといった傾向を分析したりできると考えている。

芸能界は伝統的な慣習に基づいて行われているビジネスで、そのビジネスに対して、今後は客観的なデータを集めて可視化することが大事だというホリプロの社長の考えで導入されたこのＡＩ解析。

これは、業界を大きく変える可能性のあるＡＩ導入であると私は考えている。

事例：離脱タイミングの予測（強化型×カスタム型）

もうひとつ、マトリクス右上（象限Ⅰ）の強化型×カスタム型ＡＩ導入事例を紹介しよう。これもパロアルトインサイトが担当した案件で、日本のあるオンラインコンテンツ配信会社のＡＩ導入事例だ。

顧客の離脱は、オンラインビジネスを行うすべての会社にとって大きな課題になっているだろう。この会社の場合、オンラインサービスに無料会員と有料会員があり、その有料会員の離脱をどのように予防できるかといった課題を抱えていた。

この場合、まず顧客の離脱はいつ起こるのか、どうして起こるのかを特定しなくてはならない。

実際にデータを解析すると、離脱をする人と離脱をしない人とを大きく分ける特徴は、年齢や年収といった、いわゆるマーケティングで使われる属性ではないということがわかった。このケースでは、離脱をする人とそうでない人で、有料会員になってから１日以内の行動に大きな差があることが判明したのだ。

このように、離脱する人とそうでない人を大きく分ける差のことを、特徴量という。この特徴量が何なのかというのは、データをただ収集するだけではわからない。そこで、データサイエンティストが仮説を立て、いろんな軸でデータを切って特徴量を予測する。

この場合、最初は顧客の1カ月後の行動を予測した。ユーザー全体のうち、30日後にやめる人はどの人だろうかと予測を立てるのだ。そして、2週間後、1週間後……と時間軸を狭めていき、最終的に「離脱をする人とそうでない人では、有料会員になってから1日以内の行動に大きな差がある」ことを突き止めた。

この会社では現在、有料会員になってから1日以内に、離脱防止のための施策を行っている。

これはオンラインコンテンツの話だが、オンラインだけではなくオフラインでも、離脱防止にはAI導入が有効になる。

先日はスポーツジムを経営している方からご依頼をいただいた。

スポーツジムは会員ビジネスで、いわゆる幽霊会員によって成り立っているビジネスである。その幽霊会員の離脱タイミングをどう予測するのか。離脱しそうになる前に、マーケティングなり営業なりで、どのような手が打てるのかについて考えたいというのだ。オンライン、オフラインにかかわらず、企業が解決したい大きな課題のひとつであると感じる。

事例：少量・多様化にも適応するＡＩ導入（自動型×カスタム型）

最後に、右下のゾーン（象限Ⅳ）。自動型×カスタム型の事例を紹介したい。これは、われわれが2年前に手掛けた案件で、京都のジョーナン（ＪＯＨＮＡＮ）という会社のプロジェクトだ。この会社は、京都に本社がある製造業の会社で、プリント基盤やチップなどを開発している。

こういったものづくりの会社のビジネスポイントは、オーダーが少量多品種であることだ。さまざまなクライアントから専用の商品を作ってほしいと依頼を受ける中で、最後の目視検査にかなりの人件費がかかっていることが経営課題だった。

少量多品種ということは、ひとつひとつの商品に対してサンプルが少ないので、機械学習させるにしても、トレーニングデータが豊富にないという問題点がある。さらに、データがあったとしても横展開しにくい。たとえば、商品Aの機械学習のモデルを設計したとしても、それは商品Bと全く違うタイプの商品なので、応用できないのだ。

しかし、今後、中国の深圳の工場などに対抗して受注をとっていくためには、ますます少量多様化に適切に対応していくことが必須になる。このような条件下で、どのような形でAI導入をすれば、目視検査を効率化できるかというのが切実かつ緊急の課題だった。

このケースでは、次の2つの大きな技術的なチャレンジがあった。

①どのようにAIが学習する教師データをとりにいくか
②工場のラインを止めずにどう目視検査をする工程をはさむか

そこでわれわれは実際に工場に行って現場のラインを見て、AIプロジェクトに適した商品群を選出することからスタートした。全部の商品にAIモデルを設計することはできないが、適した商品群には、AI導入による省人化とコストダウンを図ることができる。

具体的には、まず、目視検査で検査しなくてはならないものの中で、各商品に共通項が多いものはどれかを特定した。そのうえで、機械学習で一番学習しやすい項目を探した。最終的には、傷と空泡のチェックに絞ってＡＩ導入したのだが、ここでＡＩ導入に適さない検査を選んでしまうと、プロジェクトとして失敗する可能性が高くなってしまう。

また、そもそもデータの数が少ない問題も同時に解決した。どのように解決したかというと、まず、傷の入った商品や空泡の入った商品の写真を２００枚だけ撮影してもらい、それを反転したり、拡大したり、回転させたりして、2万枚以上の教師データに膨らませるという手法をとった。

日々目視検査をやっている忙しい作業員の人からすると、この写真を撮る作業だけでも大変なので、２００枚の写真を撮ってもらったあとは、データサイエンティストの家に仮想現場を再現して、写真データを集める作業をした。

このときの作業例に顕著なように、ＡＩ導入はその仕事の8割がデータ収集とデータのクレンジングである。

最初の段階で、どの商品にフォーカスするか、またどうやってデータを取りにいくか。

それを構築する地道な作業が8割。そういった地道な作業なしに、猫か犬かを見分けるようなディープラーニングはつくれない。

このケースに限らず、どの商品であれば、またはどの事業であればAI導入が可能かを考えることは、プロジェクトの明暗を分ける非常に重要なプロセスになってくる。

では、どのような事業を選ぶべきか。この話はまた、第3章で詳しく解説したい。

DXで重要なのは、現実的な期待値を持つこと

いくつか事例を紹介してきたが、これらを通して自社におけるAI導入のイメージは湧いただろうか。これらの事例からわかるのは以下のことだ。

①企業にとっての課題が抽出できていなければ、AI導入と、その先にあるデジタライゼーションやDXは進まない（丸投げはできない）

②GAFAのようなデジタルネイティブの会社でなくとも、AIの導入は可能だし、経

営的なインパクトをもたらすこともできる

さらにもうひとつ、自社のＤＸを推進していく際に欠かせないことがある。それは、「ＤＸに関して現実的な期待値を持つ」ということだ。

先日、ある製造業のクライアントと話をした。

この会社では、作業動線の効率化、労務管理の最適化を図りたいとい考えていたが、現状、すべての作業がデジタル化されていない状態だった。注文書も紙だし、設計書も紙ベース。一応ＰＤＦにはなっているが、それ以上は何もない状態なのだ。

このような場合は、まず、紙からデータへというデジタイゼーションを行い、データベースをつくるところからスタートしなければならない。

そこで必要な情報を集め、そのあとに初めてＡＩモデルを作る準備をすることになる。その段階的な手順を踏まなければならないことを理解していただくための説明が非常に難しかった。

私が経営者やＤＸ担当者に現実的な期待値を持ってほしいと考えるのは、こういった場面だ。

AI導入、デジタル活用やデータ活用に、クイックウィンはない。たとえば、今、すべての情報を紙ベースで処理している会社が、2カ月でフルデジタル化できるかといったら、そんなショートカットはできないのだ。

もちろん、このAIを導入したら、明日から売上が5倍、10倍になるといった、単純な話もない。いや、ひょっとしたらあるかもしれないが、それは他社でもすぐに導入できるものだけだ。

それよりは、自社の持つデータを使ったインハウスAIを作って、長期的なビジョンにたった競争優位性を考えるべきである。

次に一例をあげよう。仙台にあるベストパーツという会社の例だ。

ファックスでの受注を自動化するプロジェクト
——ベストパーツの事例

ベストパーツは仙台に本社を置く、冷暖房設備などに関する部品や部材の販売を行う会社だ。同社では部材の受注の9割をファックスで行っていた。社員が受注ファックスを仕分けし、データをシステムに入力し、在庫と照合してはじめてオーダーをかけるというフローを長年踏襲してきたのだ。

この受注に1件あたり10分から15分かかっていたため、この作業を省人化したいという課題を抱えていた。

この場合、9割のファックス受注をやめ、ECサイトを開発してそちらに誘導すればいいのではないかというと、そうではない。

なぜなら顧客が多岐にわたっていて、顧客側にも発注のフローがあるからだ。それをこちらの都合で突然変えて、ウェブサイトで購入してくださいというと、それこそ顧客の離脱を招きかねない。また、リセラーという立場的に、自社の都合を顧客に通しにくいといった事情もあった。

そこで、この課題を解決するために、ファックスを自動的に処理するAIを開発することになった。

ファックスの自動化というとOCRを考えるかもしれない。OCRとは、手書きで印刷された文字をコンピューターが利用できるデジタルの文字コードに変換する技術のことである。

しかし、そう考えることこそ現場をわかっていない証拠だ。この企業の1ヶ月分の発注書のPDFを見たのだが、見事にフォーマットがバラバラなのだ。

顧客によって注文書と発注書という言葉が混在していたり、同じ顧客でも営業所によってフォーマットが違ったり、納品先が書かれておらず手書きで「引き取りに伺います」と書かれていたり、顧客名がファックスの真下に逆さまに印字されていたり……。ある程度形式が一様な名刺の電子化とはわけが違う。

ここまでバラバラだと、狙いをさだめた機械学習の技術が必要になってくる。ベストパーツでは、現在この自動化を進めるAIを開発中だが、これが開発できれば、他の会社が持たない資産としてのAIを持つことになる。これは大きな競争優位性になる。

こういったケースでは、UX（ユーザーエクスペリエンス）デザイナーが現場の営業担当者にUI（ユーザーインターフェース）を見せながら、改良を重ねていく。

現場の人はたとえば「同じ日に同じ会社から、2回3回と追加でファックスがきたときには、どんなふうに反映されるのでしょうか？」などという、とてもよい質問をしてくれる。そのような具体的な現場の声をＵＸデザイナーが受け取って、それをデザインに反映させる。そのデザインを反映したうえで、バックエンドをエンジニアが実装する。そのようにしてはじめて、「現場で使える」ツールが開発されるのだ。

　このような開発ができるのは、経営者自らこのデータの自動化の重要性を熟知し、関連するメンバーを束ねてくれているからでもある。

　もちろん、そのためには、費用対効果の見積もりも必要だ。

　このようなケースでは、まず営業担当者がファックスの仕分けにかけている時間と人件費を算出する。そして導入する画像認識のＡＩの精度が何割だとしたら、作業時間がどれくらい減るかを算出する。そこで浮く人件費を計算すれば、費用対効果はいくらくらいといった数字が出せる。その**投資利益率が出せれば、プロジェクトを推進する理由も明確になる。**

　ＤＸ推進やＡＩ導入は魔法でも打ち出の小槌でもない。長期的なビジョンと、現実的な期待値を持って取り組むべきであることを理解していただけただろうか。

ただ、長期的なビジョンとはいっても、毎年事業として結果を出さなければいけない企業も多いだろう。その場合は、マイルストーンを細分化し、かつ、ひとつひとつのマイルストーンごとに、何かしら使える成果物があるような形のプロジェクトにデザインしていくことが大事になる。

3年かけないと使えるものが生まれないとなると、会社としても投資しにくいだろう。その場合には、半年後にはこれができるとか、1年後にはここまでできるようになるといったマイルストーンをおき、投資対効果を実感できるプロジェクトにすることが重要だ。

ガートナーが提示するＡＩハイプサイクルが示すもの

図7はコンサルティングファームのガートナーが発表した2020年のＡＩハイプサイクルである。ハイプというのは「中身がない流行り」といったニュアンスの言葉だ。

縦軸が期待値を指し、横軸が時間を指す。新しい技術が登場した当初は、疑念や警戒心が強いが、初期の段階で流行りがピークに達する。

同時にユーザー側の実体験や理解が追いつき、「健康的な」期待値にどんどん下がっていき、プラトー化（定着化）するものと、そのまま下火になる技術に分かれる。

2015年前後に騒がれたディープラーニングなどは、このハイプサイクル上では「過度な期待」のピークをすでに超え、定着化への道を歩んでおり、あと5年以内にはプラトー化するだろうと予想されている。

ちなみに図7によると、すでにハイプがプラトーに近づいている技術としてGPUアクセラレータが挙げられているが、それに関しては私も賛同する。

一般的にはハイプカーブの左側に位置する技術は新しく、応用事例が多くない、または非常に限られた業界や使用事例に基づくものである場合が多く、商業化されていない可能性が高い。

DX担当者がもしハイプサイクルの左側に位置するような技術に注目して、異常なまでの期待値で現場のビジネス課題を解決してくれると考えてプロジェクトを進めるのであれ

図7　ガートナーのハイプ・サイクル(AI)2020
(Hype Cycle for Artificial Intelligence, 2020)

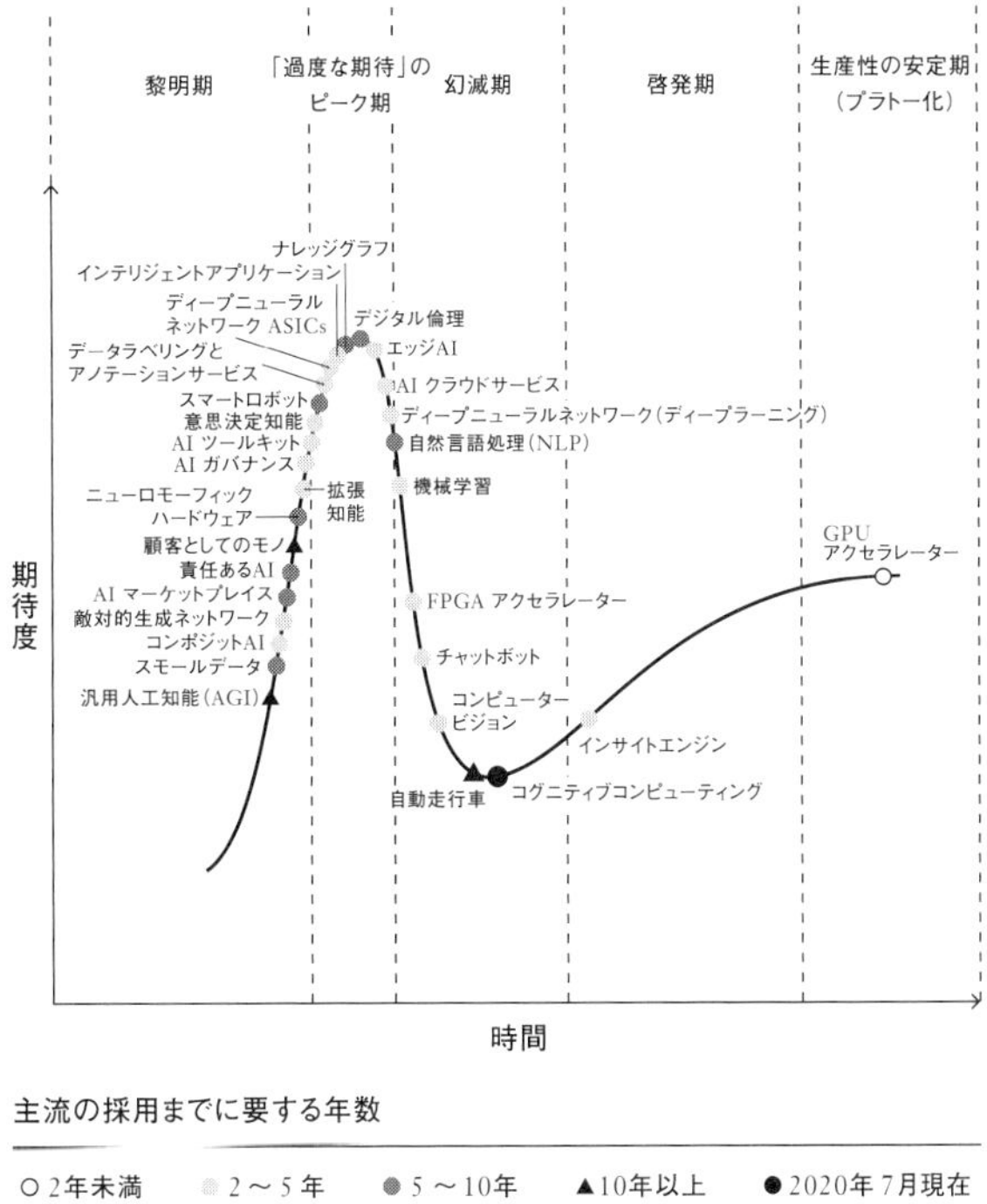

出典:Gartner, Smarter With Gartner, "2 Megatrends Dominate the Gartner Hype Cycle for Artificial Intelligence, 2020", Sep 28, 2020, Laurence Goasduff https://www.gartner.com/smarterwithgartner/2-megatrends-dominate-the-gartner-hype-cycle-for-artificial-intelligence-2020/(著者訳出)

ガートナーは、ガートナー・リサーチの発行物に掲載された特定のベンダー、製品またはサービスを推奨するものではありません。また、最高のレーティング又はその他の評価を得たベンダーのみを選択するようにテクノロジーユーザーに助言するものではありません。ガートナー・リサーチの発行物は、ガートナー・リサーチの見解を表したものであり、事実を表現したものではありません。ガートナーは、明示または黙示を問わず、本リサーチの商品性や特定目的への適合性を含め、一切の責任を負うものではありません。

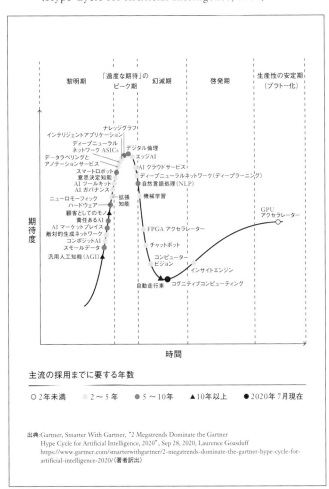

ば、うまくいく可能性とそうでない可能性の両方を視野に入れたほうがよいだろう。

R&Dのようなフェーズで検証するのであれば問題はないが、自分が持つ技術に対する理解が適当か、それとも実体験や理解が乏しいが故に異常に高い期待値があるのではないかと問いただす必要がある。

DXを推進するために超えるべき壁②

第3章

「なかなか実現フェーズに進まない」

ＰＯＣの壁とは？

本章ではＤＸを推進するために超えるべき2つめの壁、「ＰＯＣの壁」について解説していく。ＰＯＣとは、Proof Of Conceptの略で、日本語では概念実証などと呼ばれる。新しいプロジェクトが本当に実現可能かどうか、効果や効用、技術的な観点から検証する行程を指す。

ここでいう「ＰＯＣの壁」とは、さまざまなプロジェクトで仮説検証をくり返すが、成果につながる導入ができない、ＰＯＣばかり回して事業化に至らない状況を指す。

図8はＩＰＡ（情報処理推進機構）の２０２０年のＡＩ白書からのデータだが、現在ＰＯＣを行っている段階の企業は全体の4・2％である。

大掛かりなシステム開発になる場合は、その開発を小さくスライスして、そこで概念実証をし、いい結果が出たら大々的に事業化するというやり方をするケースが多い。とくに大企業になればなるほど、このＰＯＣに時間をかけるところが多い。

図8　ユーザー企業のAI導入状況

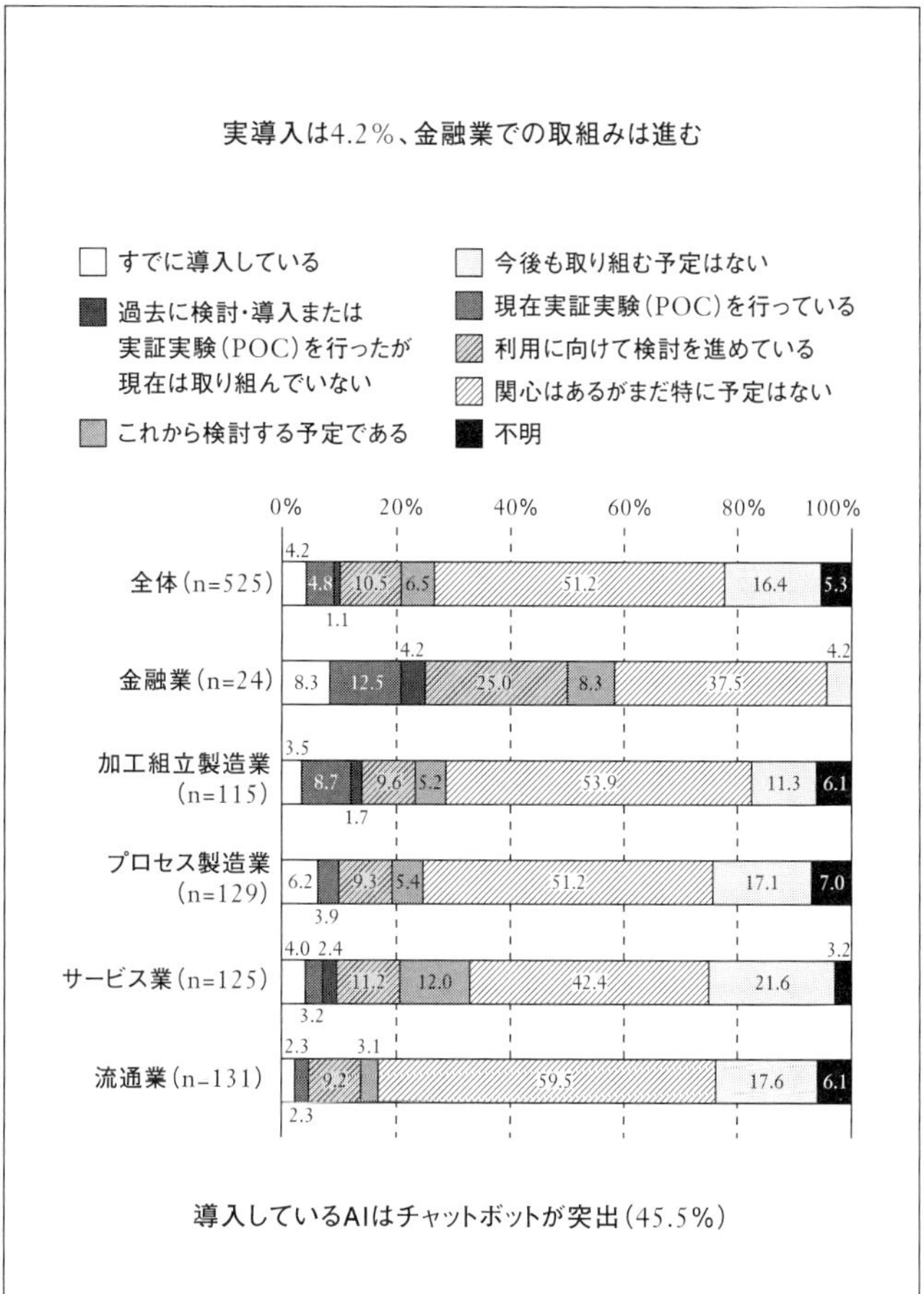

出典:IPA（情報処理推進機構）『AI白書2020』

しかし、なかには実証実験ばかりくり返して事業化に至らないケースも多々ある。このようなDXにおける壁を、POCの壁と名づけた。

なぜそのようなことが起こってしまうのか。その原因と対策を示したい。

大企業で陥りやすいPOCの壁

とくに大企業でDXを推進する場合に多い問題点とその原因を分析しよう。

大企業でのDX推進プロジェクトは、イノベーション部署や経営企画部、DX部などに配置され、だいたい3人から5人ほどの少数の人材が指名されて進むことが多い。

この場合、まずこのチームが何をするかというと、いろんな事業部のヒアリングにいって現場の課題を抽出する。まさしく、われわれがやっているプロセスの第一歩と同じことをやるわけである。

しかし、ここで以下のような問題が発生する場合がある。

①まず、少数精鋭の部署に、現場の人は悩みを言いたくないという現状がある。その点で、

あまりうまく課題が浮かび上がってこない問題が起こる。

②もうひとつの問題点は、浮上した課題に対して優先順位がつけられない点があげられる。優先順位を決めるために実証実験をやったはいいものの、その実験結果の何を見れば効果があったと捉えられるかの指標がわからないのだ。

③実証実験ばかり回していても仕方ないので、「これは見込みがある」と思ったら、それをロールアウトして事業部を巻き込み、予算をとって大きく事業化していく必要がある。しかし、事業部は事業部で予算を抱えているので、その「見込み」に対して、ジャッジが厳しい。

これらの問題に対処できない理由は、会社のレバレッジポイントを見極められていないことにある。**ＰＯＣの壁を超えるためには、自社の課題に優先順位をつけ、自分の会社のレバレッジポイントを見極める視点を持つ必要がある。**

ＡＩ導入に適した課題を探す——ＦＯＭＥ分析

ＰＯＣの壁を超えるために必要なのは、「何を選ぶのか」「いつ投資し、いつ捨てるのか」の目利き力だ。

そのために役に立つフレームワークをご紹介する。パロアルトインサイトで開発したプレＡＩ診断のひとつだ。なかでも図９で紹介するものは「ＦＯＭＥ分析」と名づけている。

ＦＯＭＥとは、以下の頭文字から成る造語である。

①Ｆ：実現可能性（Feasibility）
②Ｏ：応用性（Opportunity）
③Ｍ：検証性（Measurability）
④Ｅ：倫理性（Ethics）

これら４つの観点から、それぞれの課題についてひとつひとつ数値評価し、その数値の大きいものをＡＩ導入価値が高いと判断する。

図9　FOME分析でAI導入価値を考える

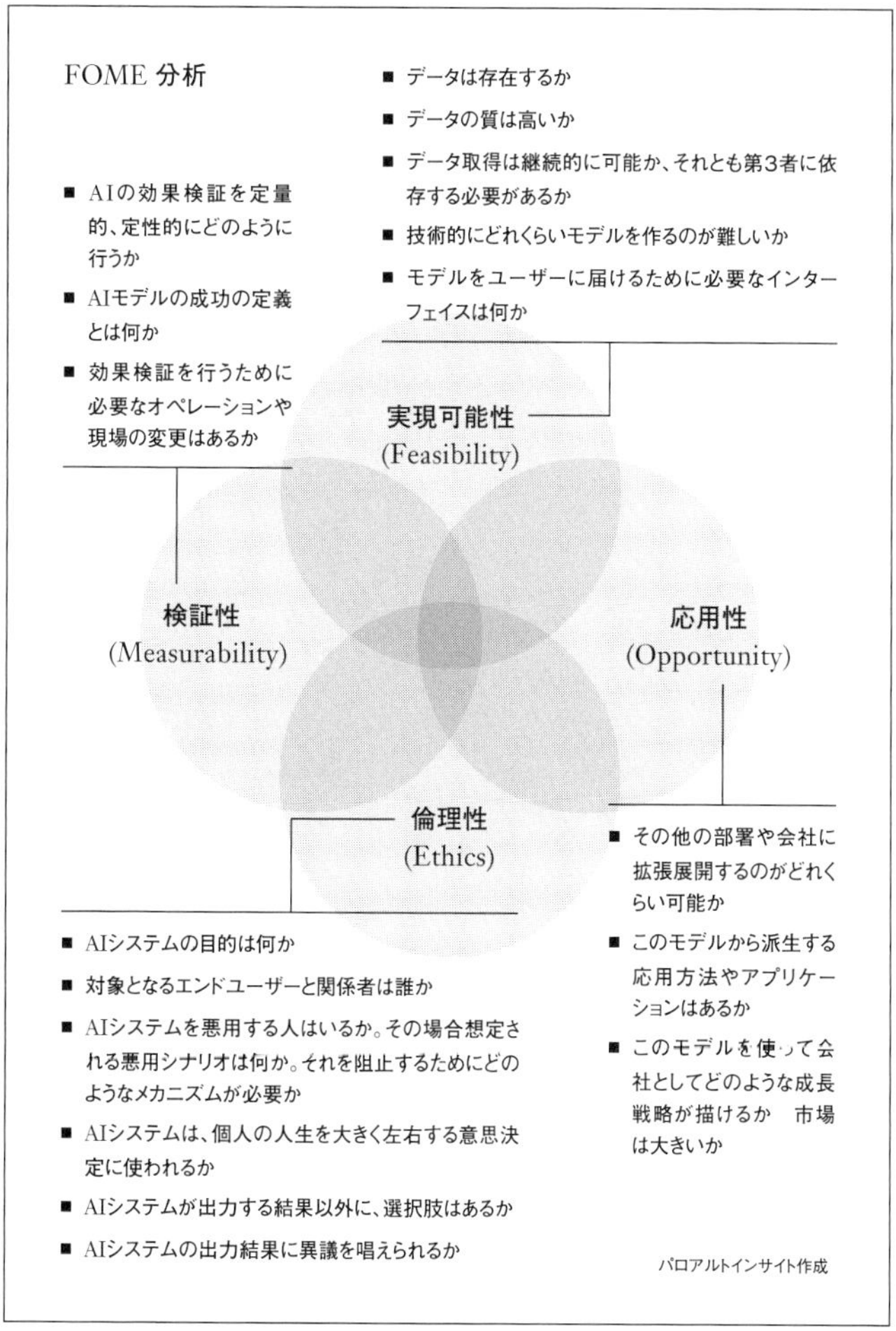
FOME分析
■ データは存在するか
■ データの質は高いか
■ データ取得は継続的に可能か、それとも第3者に依存する必要があるか
■ 技術的にどれくらいモデルを作るのが難しいか
■ モデルをユーザーに届けるために必要なインターフェイスは何か
■ AIの効果検証を定量的、定性的にどのように行うか
■ AIモデルの成功の定義とは何か
■ 効果検証を行うために必要なオペレーションや現場の変更はあるか
実現可能性
(Feasibility)
検証性
(Measurability)
応用性
(Opportunity)
倫理性
(Ethics)
■ その他の部署や会社に拡張展開するのがどれくらい可能か
■ このモデルから派生する応用方法やアプリケーションはあるか
■ このモデルを使って会社としてどのような成長戦略が描けるか　市場は大きいか
■ AIシステムの目的は何か
■ 対象となるエンドユーザーと関係者は誰か
■ AIシステムを悪用する人はいるか。その場合想定される悪用シナリオは何か。それを阻止するためにどのようなメカニズムが必要か
■ AIシステムは、個人の人生を大きく左右する意思決定に使われるか
■ AIシステムが出力する結果以外に、選択肢はあるか
■ AIシステムの出力結果に異議を唱えられるか
パロアルトインサイト作成

ここでは、その判断基準をそれぞれ簡単に説明する。自社の課題のうち、どの課題にAI導入をすれば効果が高いと考えられるか、ひとつの指標にしてほしい。

F：実現可能性（Feasibility）
——データはあるか、質は高いか

まず評価すべきは実現可能性（Feasibility）だ。ここでは、そもそもデータは存在するのか。その、データの質は高いかなどを検証する。

ここで知っておいてほしいのが、データフィケーションという概念だ。

このデータフィケーションとは、アリババの戦略トップを務めるミン・ゾン（Ming Zeng）の造語で、**「日常的なビジネスの活動内容や人の行動から自動的にデータを継続的に抽出できる仕組みづくりとその機能」**を指す。

たとえば、社員の心のストレス度を測りたいという課題があるとする（このような課題をあげる企業は、現在とても多い）。

その場合、1年に1回、社員アンケートをして「最近どうですか」「ストレスはたまっ

図10　FOME分析①　実現可能性(Feasibility)

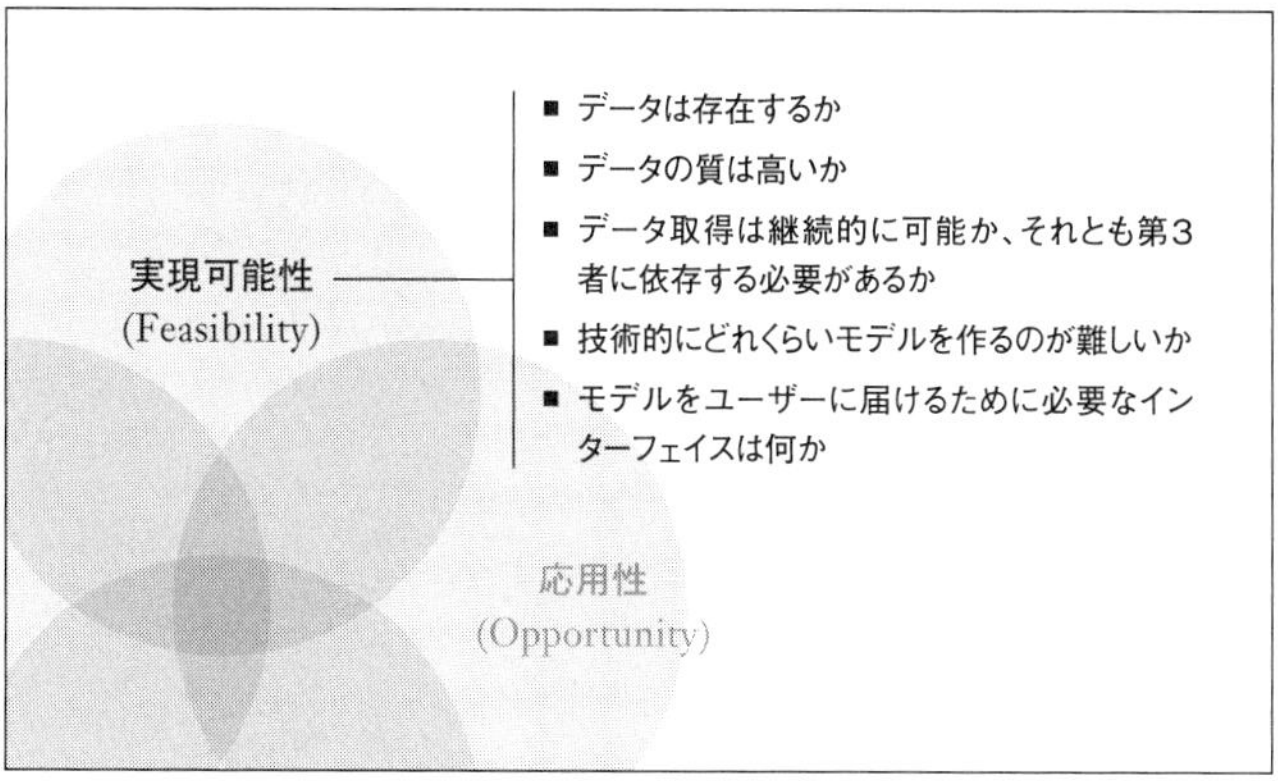
実現可能性
(Feasibility)
■ データは存在するか
■ データの質は高いか
■ データ取得は継続的に可能か、それとも第3者に依存する必要があるか
■ 技術的にどれくらいモデルを作るのが難しいか
■ モデルをユーザーに届けるために必要なインターフェイスは何か
応用性
(Opportunity)

ていませんか?」といった、直接的な回答を集めるのもひとつのやり方だ。しかし、それではデータフィケーションとはいえない。

まず、このアンケートだと、いろんなバイアスがかかるリスクがある。アンケートで本音を書けない人もいるだろう。人事部に見られるとなると評価に響くかもしれないと思う人もいるかもしれない。また、1年に1度のアンケートだと、データ収集に時間がかかり、有効な学習ができない可能性が高い。

そうではなく、たとえば社員がEメールを使う頻度を見る。Eメールで使う単語の変化を変化検知で見る。スラックで使う絵文字の内容を見る。

このように、日常的な活動や行動を自動的にデータ抽出して仕組みづくりの一環とするのが、データフィケーションのやり方だ。

この場合であれば、プライバシーが守られるかたちで暗号化しながら、メールやスラックといった社員の毎日の何かしらの活動をデータ化して、その検証からその人のストレスレベルを書き出していくことが考えられる。

別の例も考えてみよう。

たとえば、うつ傾向のある人に対するアプリを開発したとする。その場合、ユーザーに何度もログインしてもらい、チャットをしてもらうことで会話データを集めて、そこから自然言語処理でその人のニーズを探るというような機能自体は面白いかもしれない。しかし、実際にはユーザーの主体的な接触にデータ収集作業を依存することになるため、データフィケーションにおけるデータ収集の仕組みという意味では弱くなる。

それよりも、ユーザーのスマホログインの数、買い物データ、目の動き、体温の変化など、何かしらの仕組みを導入して自動的に複数のデータを吸い上げて、そこから予測を出すモデルを設計するほうが、機械学習モデルもつくりやすい。

このような考え方がデータフィケーションだ。

データフィケーションとは何か
――フジクラの事例

もう少しデータフィケーションの話をしたい。というのも、この考え方を理解することが、DXに対する理解を深めることになるからだ。

データフィケーションとは、今やっている活動をデジタル化するとか、電子化するといった単純なものではない。いうなれば、**「日常の何気ない活動を有益なデータに変換すること」であり、また「単発の変換ではなく、恒常的にデータを取り組みインサイトに落とし込めるような仕組みづくりを社内で持つ、またはそのような機能をプロダクトに実装すること」を指す。**これはそのまま「DXとは何か」に対するひとつの解ともいえるだろう。

一例として、パロアルトインサイトのクライアントのデータフィケーションを紹介する。

ここで紹介するのはフジクラという高齢者に対しての自立支援を行っている企業で、現在DXを進めている。[16]

まず、同社が高齢者の自立支援を行っている、その背景から説明したい。

もともとフジクラは、光ファイバーを含む電線ケーブルが、売り上げの4分の1を占めるハードウェア中心のB2B企業だ。電線ケーブル以外では、スマートフォンの中で使用される基板やコネクタなどの部品や、自動車のワイヤーやハーネスなどの製造も扱っている。

しかし主事業である電線ケーブルの市場は成熟しきっており、大きな成長は見込めない。今後の企業の発展を考えると、これまでの事業の枠を超えたビジョンを持たなくてはならないといった危機感を感じていた。

そこで、フジクラが掲げたのが、「2030年ビジョン」だった。フジクラの企業価値を〝つなぐ〟ソリューション」と位置づけ、そのソリューションを提供することで、SDGsをはじめとする持続可能な未来社会の課題を解決しようと考えたのである。

高齢者の自立支援というテーマは、SDGsのライフアシスタンスの分野で、高齢者のQOL向上を目標にして立ち上がった。もともと2012年から社員の健康経営に取り組んできたこともあり、退職した人たちがその後の人生を生き生きと暮らせる社会の実現を

16 https://www.paloaltoinsight.com/cross_talk/fujikura/

目指している。

具体的には、高齢者コミュニティをつくっている自治体や地域の人たちと協業して、週に一度、脳トレや体力づくりなどの分野をサポートしている。またそのコミュニティでは、半年に一度、1時間から1時間半ほどかけて高齢者の身体のチェックとインタビューを実施しているのだが、そのシーンでＡＩを活用してデータを収集している。

インタビューをすることで、普段の生活習慣や関心事などを抽出していくことが目的だ。パロアルトインサイトでは、このインタビューを自動で議事録化し、その後のデータの取りまとめまでできるＡＩの開発をご一緒した。

高齢者の方々が、普段どんな薬をのんでいるのか。誰と会っているのか。日々の生活のどんなシーンでやる気のスイッチが入るのか。

それらがデータフィケーションできれば、全員同じの一律のサービスを提供するのではなく、個々にあった支援の方法を提供できる可能性が生まれる。フジクラの取り組みは、介護業界の人たちにとっても大きな関心の的になっているという。

では実際にどのように高齢者の自立支援のためのデータを集めているかというと、高齢者へのインタビューを実際に行い、そこでの会話を収集している。

そこで交わされた会話は自動的に文字入力され、その文字群からキーワードを抽出し、その高齢者にとって重要なキーワードを特定していくのだ。そうすることによって、その人それぞれの自立支援をプランニングする。

これも、高齢者に無理やりアプリをダウンロードしてもらうのではなく、高齢者の話し相手になるケアマネージャーが、日々の活動の中で無理なく有益なデータを収集できるようにしているところがポイントだ。

DXの具体的な話をするときには、このような**「では、データフィケーションのパイプラインをどうやってつくるのか？」**という話が必要になってくる。

たとえば、ツイッターからデータを引っ張ってくるとか、社内の基幹システムに入ってくるデータがあるとか、第三者機関から24時間に1回送られてくるデータであるなど、データの入り口はさまざまだ。

そういったデータを、今度は収集パイプラインを通して、データレイクと呼ばれる場所に確保する。そのデータレイクに保存されたデータを、エンジニアがとりにいき、さらには、実際に利用する現場の人たちがAPIを通してとりにいく。

このように、**データの上流から下流に至る通り道を整備し、社内でデータを管理できるシステムをつくることが、DXの基本的な考え方だ。**

オープンソースの技術を活用しながら独自のモデルを設計する

このフジクラのプロジェクトでは、自然言語処理の技術を使っている。ただし、自然言語処理の技術をすべて自社開発したわけではなく、オープンソースの技術を積極的に採用している。

DX事業では、使えるツールやオープンソースの技術はどんどん使うのがセオリーだ。

こういったツールやサービスはGAFAを中心に数多く開発されている。

これは今後ますます加速する傾向だろうが、AI業界は、あるひとつのモデルをつくって終わり、という時代ではなくなっている。

「プレトレーニング」といって、事前に学習されたモデルがどんどん出てきているので、使う側は、それらを自分たちの会社が使いやすいようにファインチューニングすればよい。

そういった**オープンソースの技術と、自分たちが開発するモデルを組み合わせて、どのように自分たちの独自のモデルを設計していくか**が重要になってくる。

現場の環境や制約条件に合う形で、何をどう組み合わせてひとつのモデルを構築するのかという発想が決め手になるのだ。

また、ひとつの学習をしたモデルを別の学習に転移させて再利用するという転移学習などの技術もどんどん応用可能性が広がっている。

いかに無駄がない形でモデルを組み込んだ全体のアーキテクチャーがデザインできるかという、統合的、包括的、創造的なスキルがより大事になる。

そしてオープンソースの技術でいうと、やはりビッグデータを持ち莫大な資金を投入してデータセンターを運用できる(=ディープラーニングなどの学習に膨大な量のデータを処理できる）巨大IT企業が開発するものから使い始めてベンチマークを増やすというやり方が主流になっている。

もちろん、巨大IT企業が開発するオープンソースの技術が100％良いかというと、そうではないケースも多い。クライアントの課題特有の条件にフィットさせるためにいろいろな作業を追加して、改善する。

フジクラの場合でいうと、単にオープンソースのモデルを使えば、高齢者の要望がすべてわかるわけではなかった。それは全体の技術のひとつにすぎず、それ以外にもいくつかのその他のオープンソースの技術や、自分たちで開発したモデルを組み合わせて、ほかには存在しないハイブリッドの高齢者介護モデルを設計した。

もうひとつ例をあげよう。

そのプロジェクトも音声認識技術を使ったのだが、そちらでは大手IT企業が出している自動音声認識のモデルを使った。これもオープンソースのもので、音声データをテキストデータ（文字）に変換する技術だ。

ただし、日本語の変換機能に関しては英語と比べると改善点が多く、例えば固有名詞などの変換は難しいという結果になった。一方、数字などを読み上げた場合の正解率はほぼ100%だった。

固有名詞を読み上げたときに、より精度の高い形で文字に変換できるようになるにはどのような学習データが必要になるのか、音声を読み上げる際のオペレーションの条件はどのようなものが求められているのか、なども議論した。

もちろん、音声データをテキスト化することはプロジェクトの全体の1%ほどの機能だ。そのあとテキスト化したデータをビジネスの現場で必要な形に機械学習モデルを使って仕分けをしたり、レコメンドをしたりといった形に落とし込むことがプロジェクトの目的である。だからこそ、オープンソースの技術を使えるときはどんどん使うべきなのだ。そして、足りないところをファインチューニングして現場にフィットする形でモデルを設計していく。

「質のよいデータ」とはどんなデータか

自社のＤＸを進めるには、質のよいデータを社内で集めることが必須になる。では、「質のよいデータ」とは、どのようなデータのことをいうのだろうか。

ここでは、データの質を精査するために有効なフレームワークを紹介する。これは、UdacityというアメリカのＭＯＯＣ（オンライン講座）が提供する「AI for Business Leaders」というクラスを私が受講した際に紹介されていたフレームワークで、「データの５Ｖ」と呼ばれている。この５Ｖがそろっているほど、ＡＩ導入に適していると考えられる。

①データの量（Volume）

ひとつめは、データの量だ。これは、基本的には多ければ多いほうがいいといえる。たとえば第2章で紹介したような営業の質の均質化という課題案件であれば、優秀な営業担当者とそうでない担当者の人数がそれぞれ多いことや、営業成績や営業活動の内容を計測した日数が多いほうがデータとして有効である。

②種類(Variety)

次に、データにバラエティがあるかどうか。先ほどの営業のケースでいうと、販売相手と内容と金額、日付などのデータ、営業日報のデータ、個人が書き留めているメモがあるか、CRM(顧客マーケティング)のデータがあるかどうかなど、多岐に及ぶデータがあるのかどうかの指標がこれにあたる。

③速度(Velocity)

どのくらい早くデータが収集され、アップデートされるか。意外と見落としがちだが、重要なチェックポイントだ。

年に一度「やる気度に関するアンケート」を実施するのと、毎日一回「社員に絵文字を選ばせてやる気を検知するモデル」があるのとでは、データがアップデートされる速度が全然違う。もちろん、後者のほうがデータとしては質が高くなる。

④正確性(Veracity)

そのデータの精度がそもそも高いのか低いのかを指す。たとえば手作業で入力している

図11　データの5Vを使って、データの観点から課題をさらに深掘りする

Volume（量）

データの量は多い方がいい。どれくらいの量のデータがあるか?

Variety（種類）

トレーニングデータセットとして、多岐に及ぶデータが用意されているか?

Velocity（速度）

どのくらい早くデータが収集、アップデートされているか?

Veracity（正確性）

正確性が高いデータが大事。現状のデータの正確性はあるか?

Value（価値）

データの価値は現状で高いか?
AI導入後のデータの価値は、会社にとって高くなるか?

パロアルトインサイト作成

データは人的エラーが起こり得るので正確性に疑問が生じる、といったことだ。

⑤価値(Value)

最後に、このプロジェクトを行うことは会社にとってどのような価値があるかという指標がある。第1章で話をしたように、「コア」にかかわるDXであればあるほど価値が高いということになる。

「ドル密度」という言葉がある。「円密度」とでも訳せばよいだろうか。売上などに直結する可能性がより高いデータを指す。**データ収集に際しては、円密度が高いデータをなるべく集めることが初期段階では重要だと考える。**なぜならデータ収集には膨大なコストや時間がかかるからだ。目的を持ちながらデータを集めることが大事である。

パロアルトインサイトでは、データサイエンティストとともに、この5つの視点でデータの質を評価し、実現可能性を探っていく。

図12に示したのは、ある企業で実際にデータの5Vを評価した表である。

たとえばこの会社の在庫最適化のデータについて見てみよう。

図12　データに関する5つの視点（5V）から主要な課題を分析した

	Volume	Variety	Velocity	Veracity	Value
	データの量は多いほうがいい。どれくらいのデータ量があるか？	トレーニングデータセットとして、多岐に及ぶデータが用意されているか？	どのくらい早くデータが収集、アップデートされているか？	正確性の高いデータが大事。現状のデータの正確性はあるか？	データの価値は高いか？AI導入後のデータの価値は会社にとって高くなるか？
在庫最適化 35	8点 10年分の在庫や顧客のデータが揃っている	7点 季節性の高い商品に関するデータなど、多岐にわたるデータがある	6点 在庫情報や出荷情報などの更新頻度がどの程度かわからない	7点 人的エラーが少ないと想定されるため	7点 在庫最適化が実現されれば、確かに機会損失を最小に抑えられ売上拡大を狙えるが、現時点では何をもって最適とみなすか不明瞭

パロアルトインサイト作成

データの量（Volume）は8点の評価になっている。これは、10年分の在庫データがあるため、高い評価になった。

次に種類（Variety）に関して評価すると、季節性の高い商品に関するデータなど、多岐にわたったデータがあるので、まあまあ評価できて7点。

速度（Velocity）は6点。これは、在庫情報や出荷情報など、その更新頻度がどれくらいかがわからないため、低評価になっている。

正確性（Veracity）は人的エラーが少ないと想定されるため、やや高めの7点。

最後の価値（Value）では、ＡＩ導入後のデータの価値が会社にとって高くなるかを評価する。在庫最適化が実現されれば、確かに機会損失を最小に抑えられ、売り上げ拡大を狙うことができるが、現時点では、何をもって最適とみなすかが不明瞭ということで7点の評価におさまった。

この企業の場合、紹介した在庫最適化の項目が高い評価になったので、まずはこの分野からDXをスタートすることにした。

このように、企業のデータの価値を5Vの要素で因数分解すると、何から取り組むべきかがわかりやすい。また、データを集める設計時点から、データサイエンティストを入れて、実現可能性の高いモデルを最初からつくることができれば、むしろデータ収集着手の遅れも回収できる。

ちなみに、この5V評価をしている際にデータサイエンティスト側から出てくる意見はいつも面白い。

たとえば在庫管理効率化などは、一見とても即効性があるように感じられる。収益性が上がるので価値も高い。しかしデータサイエンスチームに言わせると、このようなモデルは検証ができないケースが多いのだという。機械学習はゴールに向けてどれくらいのエラーがあるかをもとに学習するので、検証できないものは学習できないためだ。検証ができないこと、ゴールが明確ではないことはDXに向かない。

それよりは、たとえばクリニックの予約がいつ入るかを予測するAIをつくるといった、ABテスト（Aの条件を与えたものと、Aの条件を与えなかったものを比較検証するテスト）ができる課題のほうが導入に向いているのだ。

現場の実情に合わせてUXを最適化する

実現可能性を考える際には、データの精度だけを考えればよいわけではない。AIモデルをつくるときに、どれくらい複雑なモデルなのか。モデルをユーザーに届けるために必要なインターフェースは何なのか。このあたりの検証も重要だ。

拙著『いまこそ知りたいAIビジネス』（ディスカヴァー刊、2018）でも詳しく触れたが、**AIビジネスには大きく、「導入の壁」と「定着の壁」という2つの壁がある。**

どれだけ精度の高いデータを得られたとしても、それが実装できなければ、もしくは現場の人たちが使いこなせなければ、絵に描いた餅になってしまう。

一例をあげよう。

機械のレンタルや修理を主にするA社の営業チームは、営業に関係する重要な情報をすべて営業システムに入力している。そして、その情報は一日30回ほどの頻度で更新され、大事な情報が入力されると営業担当者に通知がEメールで届くシステムになっている。

しかし問題は、その営業システムに外出先からアクセスできないことだ。なぜなら、その営業システム自体がオンプレミス（自社内で管理している設備）のシステム上にあるからである。だから外出先のスマートフォンやノートPCからはその情報が確認できず、営業メンバーは重要な情報をチェックするために、いちいちオフィスに戻ってこなくてはならない。

このような仕様だと、せっかくリアルタイムで情報が更新されても、全然活用できないので定着しない。

この場合、情報をクラウドベースで管理して外出先で見られるようにするのはもちろんのこと、情報の価値を下げずに伝達することが重要だ。

たとえば、Aさんに関してはこの情報だけ見ればいい、Bさんに関してはBさんにとって重要な情報だけを通知するといった仕様にすべきだろう。一日30通も届くEメールを、そのたびに開いてみないと自分に関係があるかどうかわからないというのでは、とても効率的とはいえない。

このように、現場の実情に合わせてUXを最適化することは、導入と定着の壁を超えるにあたって、非常に重要な要素になる。

現場でどのようなデバイスを使用しているのか。たとえばiPadを使用するなら、どのようなUIをつくるのか。現場の人が使っているソフトウェアに統合は可能なのか。実現にむけての課題をひとつひとつ確認していく。

先ほどのA社の営業担当チームの例であれば、以下の課題を検証すべきだ。

①毎日更新される情報を営業システムに入力していても、外出先から携帯で確認できないと意味がない

②オフィスに戻ってきてから、オンプレミスのシステム上にある情報をいちいち確認しないといけないのでは、効率性が下がる

③結果的に経理チームに伝達する、見積もり依頼書を作る作業などが遅れてしまい、経理の作業が滞る

④経理の作業が滞り、あらかじめ作業量が予測できないために経理部の人材配置の準備が事前にできない

その結果として、①営業データベースをクラウドで、②ノーコードで誰でも管理できて、③誰でもどこからでも見られるようにすればいい、という基本方針を立てることができるのである。

クッキーカッター型モデルのリスク

これは聞いた話だが、ある会社では顧客の離脱予測をしたいと考えていた。そこでＩＴベンダーに相談をしたところ、ベンダーが開発しているクッキーカッター型の予測モデル

を売り込んできたという。聞くところによると、顧客の過去3ヵ月間の使用状況のデータさえ当てはめれば、顧客が離脱するかどうかを予測できるということだった。

その話を聞いたクライアント企業は、データを見る前から変数を特定している狭義的なAI導入のアプローチに違和感を持ち、パロアルトインサイトに相談をしてきた。

結論からいうと、このクライアント企業が持った違和感は正しい。たくさんあるデータの中で、どのような切り口でデータを見れば特徴量が抽出できるかは、データサイエンティストが具体的に解析し続けて何回も改善をくり返さないとわからないからだ。

実際、このクライアント企業のデータを弊社で数ヵ月かけて解析したところ、今まで気がつかなかった多くの変数が実は離脱予測に大きな影響を及ぼしていることを発見した。これはクライアント企業にとっても大きな気づきになった。

このように、プロジェクトを始める前から特定の変数にこだわることは、視野を狭めるリスクになる。

単純に、クッキーカッター型のモデル導入を否定するわけではない。場合によってはそちらのほうが求めている結果を得やすいときも多くあるだろうが、この場合は特徴量が定まっていない段階だったのでクッキーカッター型をやめたことは正解だったわけだ。

O：応用性（Opportunity）——横展開できるか、外販できるか

次に評価すべきは応用性（Opportunity）だ。応用性は拡張性と言いかえてもいい。

このAIモデルを、ほかの部署に展開できるのか。もしくは改善を施して外部に販売することができるのか。もし販売できるとしたら、そのときの市場規模はどれくらいのサイズになるか。そのような成長戦略を見込めるかどうかを評価する。

もちろん、1ユーザーとしてオフ・ザ・シェルフのAIモデルを使用してライセンス料を払っている場合、応用性の評価は低くなるが（自社開発ではないため外販などの権利が限られる）、それでも、同じ社内での横展開、データの統合などの側面から検討する価値はある。

成長戦略として、または事業の収益性として課題を検証する場合、以下の2つの観点から応用性をチェックするとよいだろう。

図13　FOME分析②　応用性（Opportunity）

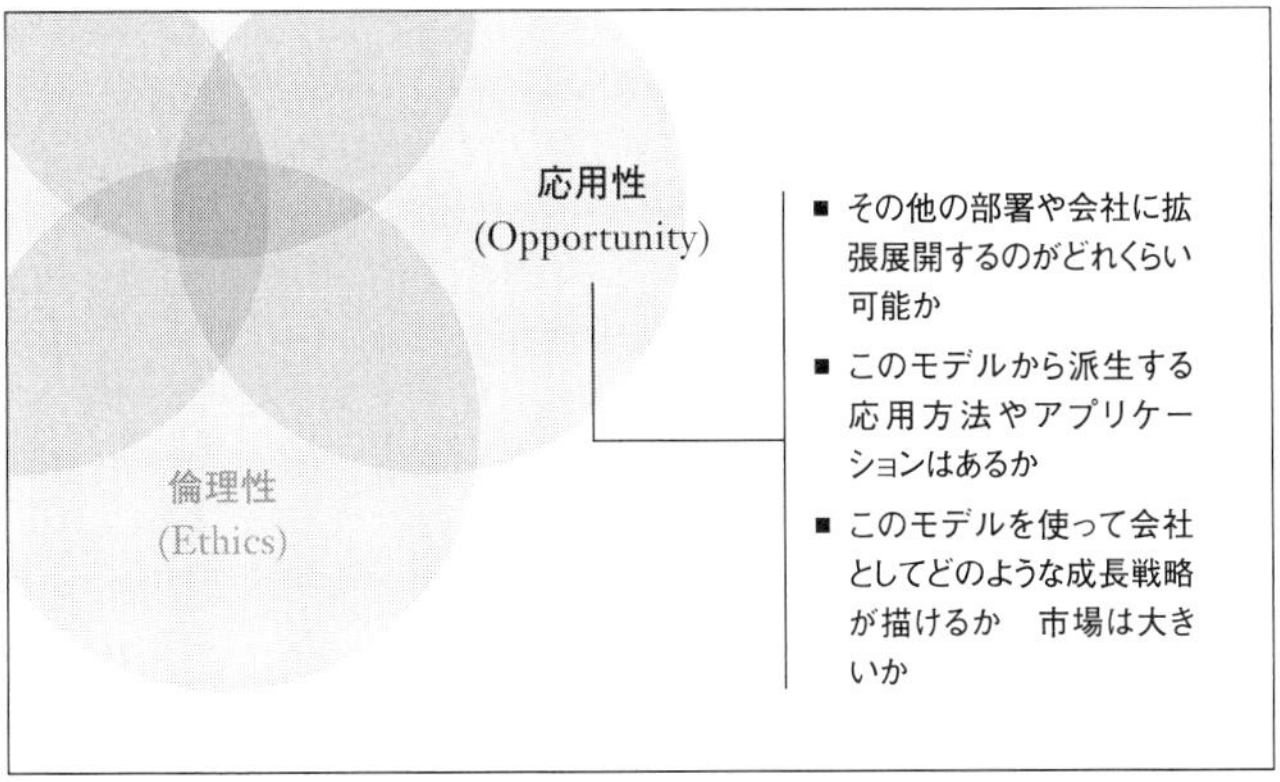
応用性
(Opportunity)
倫理性
(Ethics)
■ その他の部署や会社に拡張展開するのがどれくらい可能か
■ このモデルから派生する応用方法やアプリケーションはあるか
■ このモデルを使って会社としてどのような成長戦略が描けるか　市場は大きいか

ひとつは「スケール」。これは「規模」を指す。限界費用ゼロで、どうユーザーを増やしていけるか。ユーザー獲得にどれくらいコストがかかるのか。

もうひとつは「スコープ」。これは、範囲の経済が存在するかどうかだ。

ひとつずつ見ていこう。

まずスケールについては、限界費用ゼロでユーザーの数を10人から1万人、1万人から100万人規模に増やせるモデルであるかどうかをチェックする。

この場合、ユーザーの属性がひとつとは限らない。たとえば、ウーバーなどは、2方向のユーザーが必要になる。ドライバーと乗客だ。ドライバーが誰もいない中でウーバーのユーザーは増えないし、誰もユーザーがいない街でドライバーになろうと思う人もいない。このような場合は、双方が同時に増えるシナジーがある（ネットワーク効果がある）プロダクトでなくては、スケールの可能性が低くなる。

次にスコープについては、範囲の経済が存在するかどうかをチェックする。たとえば、アマゾンが一番よい例だ。アマゾンは、最初は書籍のＥＣ販売からスタートしたが、その後、あらゆるジャンルの商品を販売するサイトになった。現在アマゾンで買えないのは家くらいではないだろうか（これもそのうち実現しそうだ）。

またＥＣ事業だけではなく、ＥＣで集めたデータを使って、キンドルのような電子書籍リーダーやアマゾンエコーのようなスマートスピーカーを売るというように、別のスコープにも販路を広げている。

このように、範囲の経済において拡張性があるかどうかを検討する必要がある。**この範囲が拡大すると、より参入障壁が高まり、競争優位性が高まる。**

クラスターモデルとグローバルモデル
——ウーバーイーツとネットフリックスの事例

スケールの話を考えるときによいケーススタディになるのが、ウーバーイーツ（Uber Eats）とネットフリックス（Netflix）のモデルの違いだ。

これは、ハーバードビジネススクールでDXやAI戦略を教えるマルコ・イアンシティとカリム R・ラカーニという教授の著書『Competing in the Age of AI』（邦訳『伝統企業をAIドリブンに変える方法　DIAMOND ハーバード・ビジネス・レビュー論文』ダイヤモンド社、2021※電子書籍）で紹介されていたコンセプトだ。

同じスケールモデルでも、ウーバーイーツはクラスターモデルで、ネットフリックスはグローバルネットワークモデルといえる。この2つの違いを説明しよう。

まず、レストランの宅配サービスであるウーバーイーツについて考えてみたい。

東京に住んでいる人からすると、大阪にどれくらいウーバーイーツがあるかはどうでもよい。自分が住んでいるエリアにどれくらいウーバーイーツ対応のお店があるかが、利用するかどうかの最も重要な指標になる。

このように、ウーバーイーツは非常に局地的なクラスターがたくさんできて、そのクラスターの中でのみネットワーク効果が生まれるといったビジネスモデルを採用している。これを**「クラスターモデル」**という。

クラスターモデルの弱点は、参入障壁が低いことだ。たとえば、あるスタートアップが東京都中野区だけでレストランの宅配サービスを極めようとしたら、それは、ウーバーイーツに対抗できる可能性がある。中野区に住んでいる人にとっては、ウーバーイーツのように全国展開しているかどうかはどうでもよくて、自分の住んでいるエリアで深く極めてくれる宅配サービスがあれば、それで十分だからだ。

地方に住んでいたりすると、全国区で展開している会社よりも、その地域限定でサービス提供している会社のほうがユーザーの満足度は高いこともよくある。この点がクラスターモデルの弱点だ。

クラスターモデルのもうひとつの問題点は、データを集めても、そのデータが横展開しにくい可能性があることだ。

たとえば、東京と北海道のウーバーイーツのデータがどのくらい相関性があるかというと、実はそこまで強くない可能性が高い。ウーバーイーツのようなモデルだと、地域特有の条件に左右される側面が大きいからだ。

一方、ネットフリックスのような動画配信システムになると、世界中にネットワーク展開していることが競争優位性になる。

翻訳の必要は出てくるが、世界各国のコンテンツが集まれば集まるほど、そのままユーザーに選ばれるときの強みになる。ネットフリックスに映像配信の権利を渡すほうにおいても同様だ。自社の作品を観にきてくれる人が世界中からやってくるほうが、再生回数が多くなることから、収益につながりやすくなる。このようなモデルを**「グローバルネットワークモデル」**という。

グローバルネットワークモデルは、一度構築されると参入障壁がとても高い。スタートアップの企業が今からネットフリックスのようなビジネスをやろうとしても、難しいだろう。

また、フランス在住のユーザーのデータと、アメリカ在住のユーザーのデータがどれくらい関連性があるかという側面でいっても、ウーバーイーツよりはシナジーが生まれやすいだろう。

ウーバーイーツのようなクラスターモデルと、ネットフリックスのようなグローバルネットワークモデルだと、ＡＩ活用やデータを取得した後のユーザーに関する解析やセグメンテーションに向くのは後者だ。

簡略化して説明したが、自社のＡＩモデルの拡張性やビジネスチャンスについて考える際の参考にしてほしい。

Ｍ：検証性（Measurability）——客観的数値で効果の検証ができるか

次に、検証性（Measurability）について説明する。

ＡＩプロジェクトは、サイエンスプロジェクトに似ているところがある。ビフォア→アフターでＡＢテストをして効果を検証しなければならない。そしてそのテストがどのくらい大変なのかは、事前にシミュレーションする必要がある。

たとえば、データの一元化、クラウド化、「消費者アンケートのビッグデータ化」などをしたいという依頼があったとする。しかし、それをプロジェクトのゴールにしてしまうと、ＫＰＩの設定がしにくい。

図14　FOME分析③　検証性(Measurability)

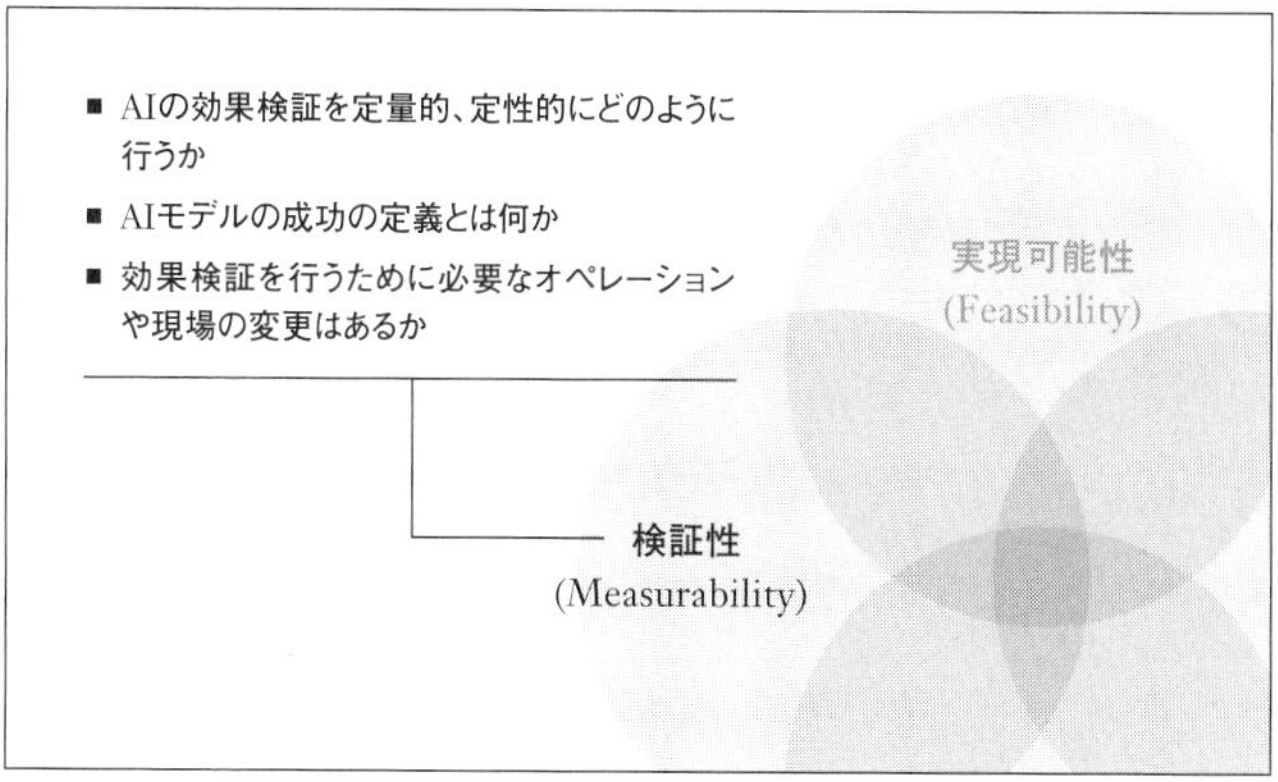
■ AIの効果検証を定量的、定性的にどのように行うか
■ AIモデルの成功の定義とは何か
■ 効果検証を行うために必要なオペレーションや現場の変更はあるか
実現可能性
(Feasibility)
検証性
(Measurability)

それに比べて、ユーザーがいつ商品購入するかの予測をする、というプロジェクトだったら、当たったのか当たらなかったのか、検証が数値的に行いやすい。もちろん、クラウド化などをプロジェクトとして行うことには私も賛成することが多いが、クラウド化をするだけならシステム会社に依頼すれば済む話だ。

プロジェクトのKPI設定がしやすいかどうか。客観的数値で検証できるかどうか。これらがプロジェクト選定において大事なポイントになる。

とくに「最適化」という言葉には注意が必要だ。たとえば、在庫最適化や、営業価格最適化もよくいわれるが、何をもって「最適」とみなすのか。そのＫＰＩ設定ができないと検証ができない。

先に紹介したデジタル庁の話も同様だが、何のためにＤＸを進めるのか。ゴールは何で、ＫＰＩは何か。この「検証」の認識がなければ、ＰＯＣの壁を超えることはできない。

ＡＩモデルのパフォーマンスを評価する3つの指標

ＡＩモデルの精度についても簡単に説明しておきたい。というのも、「ＡＩの精度」という言葉ばかりが一人歩きしていて、その数字が何を指しているのかわからないままに振り回されている担当者が多いと感じるからだ。

結論からいうと、「ＡＩの精度」と一口にいっても、いろいろな測定法がある。精度93％といっても、それがいったい何を指すのかわからないと、ビジネスにインパクトがある数字なのかどうか判断がつかない。場合によっては、その部分の精度を測定しても意味がないような数値を指標にしていることもある。

パロアルトインサイトではＡＩモデル（分類器）を開発する際、次の3つの指標で評価することが多い。

①再現率（Recall）
②適合率（Precision）
③F1スコア

日本語で「精度」というとき、多くの人は正解率（Accuracy）を意味していると考えるだろうが、実はAIを導入するビジネス現場においては、正解率は多くの意味を持たない。具体的に肺がんがあるかないかを予測するがん検診AIがあったと想定して、その理由を説明しよう。

たとえば、ここに15人の患者のレントゲン写真があるとする。写真を解析してがんがあるかないかを予測するAIがあったとして、そのAIの予想は、「がん」か「正常」かの二つに分類されるものとする。AIの予測結果と、実際にがんがあったかどうかの結果が以下の通りだったとする。

図15　がん検診の例(15人のサンプルの場合)

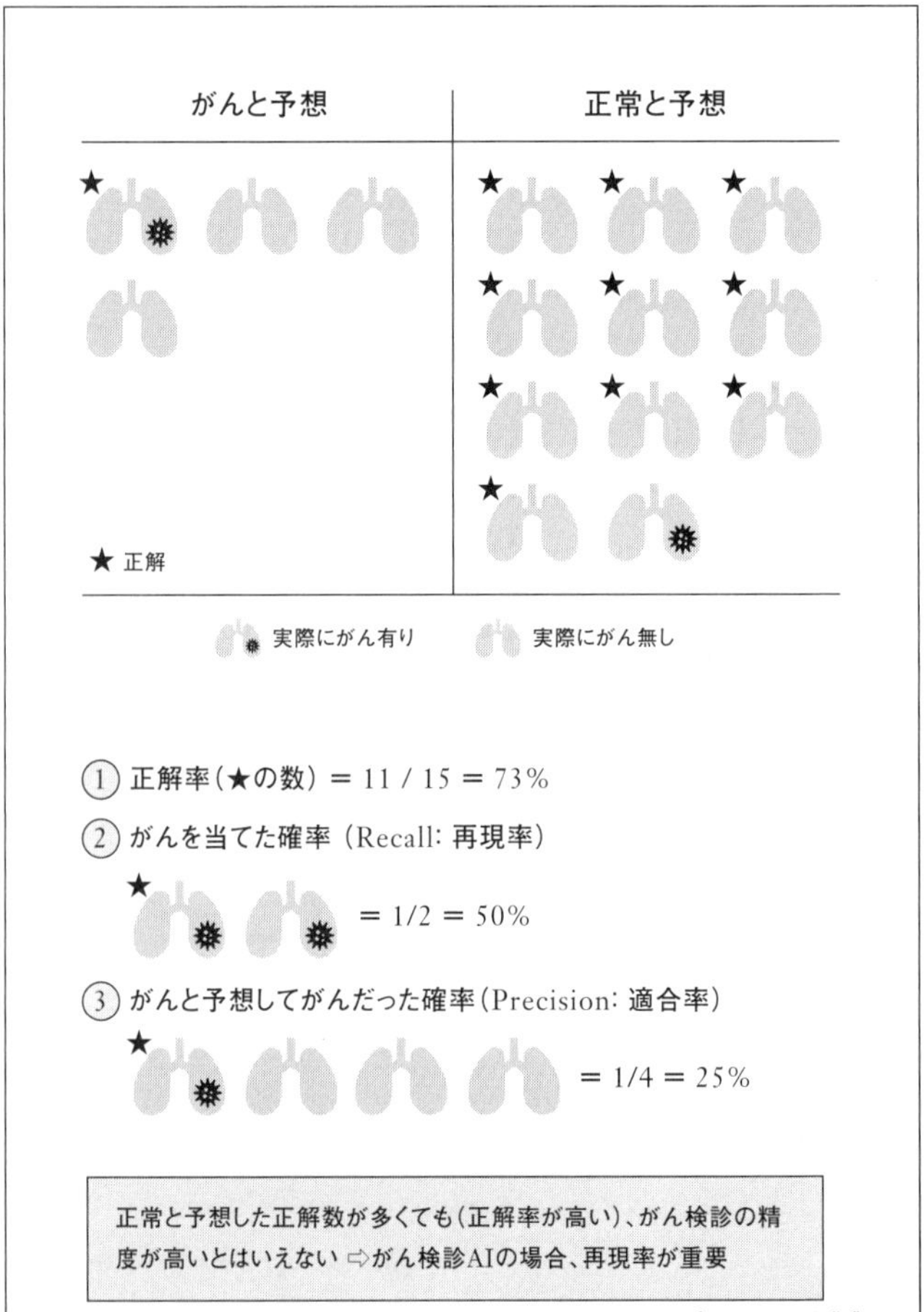
がんと予想
正常と予想
★ 正解
実際にがん有り
実際にがん無し
① 正解率(★の数) = 11 / 15 = 73%
② がんを当てた確率 (Recall: 再現率)
= 1/2 = 50%
③ がんと予想してがんだった確率(Precision: 適合率)
= 1/4 = 25%
正常と予想した正解数が多くても(正解率が高い)、がん検診の精度が高いとはいえない ⇨がん検診AIの場合、再現率が重要

パロアルトインサイト作成

この場合、正常な人のほうが元から母集団に多く含まれているため、正解率も73%と必然的に高くなるが、だからといってがん検診の現場の一部を担うAIとして見たときに、使えるものになるとは限らない。なぜならば、がん検診の現場においては、がん患者を取りこぼしなく「がん」と予測することが求められるからだ（認識漏れがない状態）。

そこで、母集団に存在するすべてのがん患者のうち、どのくらいの人を「がん」と予測できたかを示す「再現率」という指標が重要になる。

反対に、メールボックス内のEメールについてスパムかスパムでないかを分類するスパム検知AIの場合、最も重要な指標は何だろうか。スパムメールをすべて取りこぼしなく「スパム」と予測できることも大事だが、それよりも求められるのは、スパムメールではない大事なメールをスパムと誤認識してスパムフォルダに移動してしまうリスクを最小にすることだ。その場合、先の例でいうところの、がんと予測したもののうち、実際にがんだった確率を表す「適合率」という指標が重要になってくる。

図16　AIモデルが出す答え

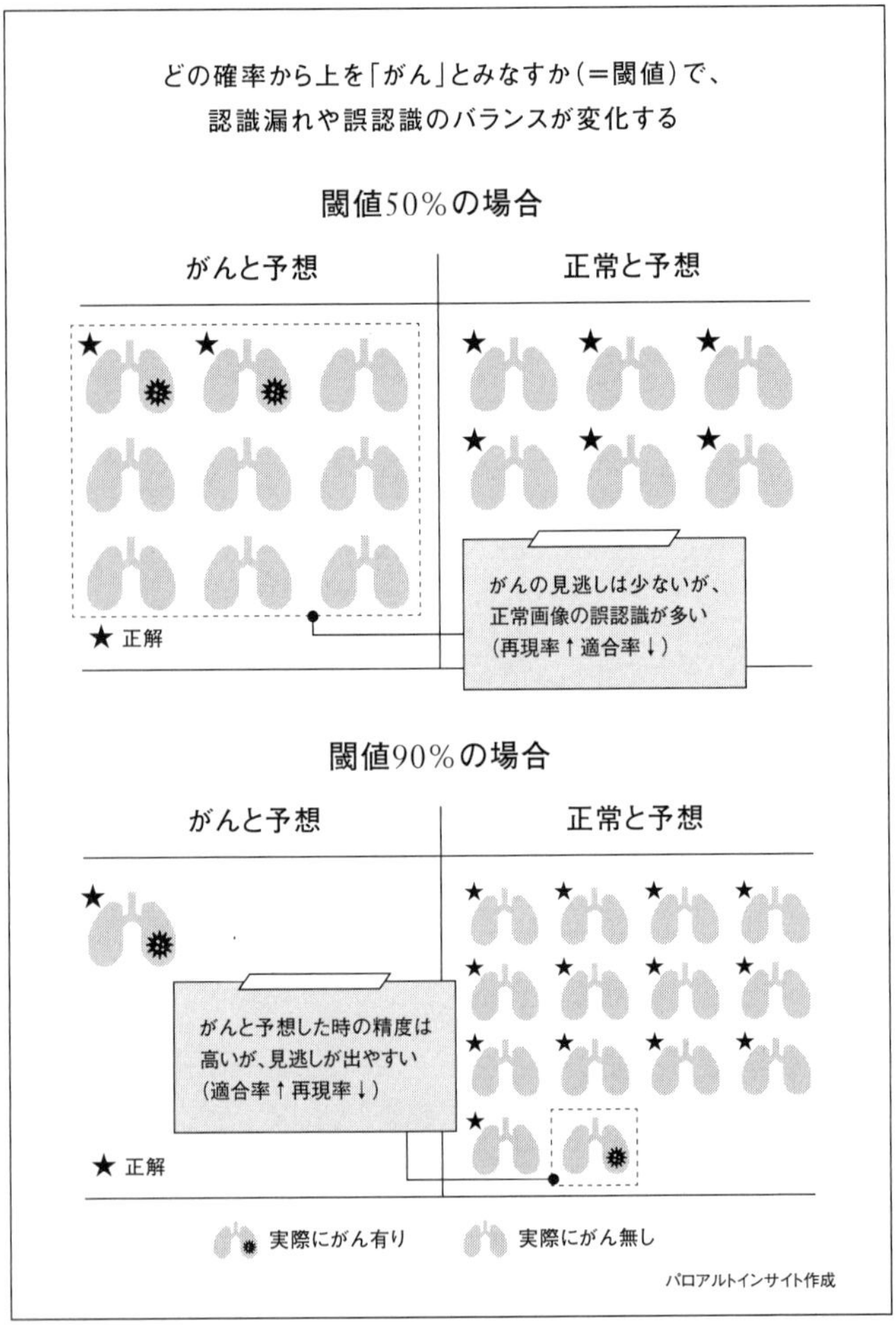
どの確率から上を「がん」とみなすか（＝閾値）で、
認識漏れや誤認識のバランスが変化する
閾値50%の場合
がんと予想
正常と予想
★ 正解
がんの見逃しは少ないが、
正常画像の誤認識が多い
（再現率↑適合率↓）
閾値90%の場合
がんと予想
正常と予想
がんと予想した時の精度は
高いが、見逃しが出やすい
（適合率↑再現率↓）
★ 正解
実際にがん有り
実際にがん無し
パロアルトインサイト作成

プロジェクトの内容やビジネスの現場によって、どちらが大事なのかが変わってくることが理解できるだろう。

また、再現率と適合率の関係性を理解したうえでAIモデルの閾値をどこに持ってくるべきかという議論も、ビジネスの現場ではとても重要だ（図16）。

そのためにROCカーブというグラフを作成して、最適な閾値を見つけることが大事になってくる（図17）。

最後に③F1スコア（F1-score）についても説明しよう。

F1スコアは、①と②の双方を加味した数字指標（①と②の調和平均）である。これは、単に①と②の平均値を出せばよいというものではない。

一口に「精度」といっても、プロジェクトの性質によって見なくてはならない数値が違うことをわかっていただけただろうか。

図17　ROCカーブで最適値を見つける

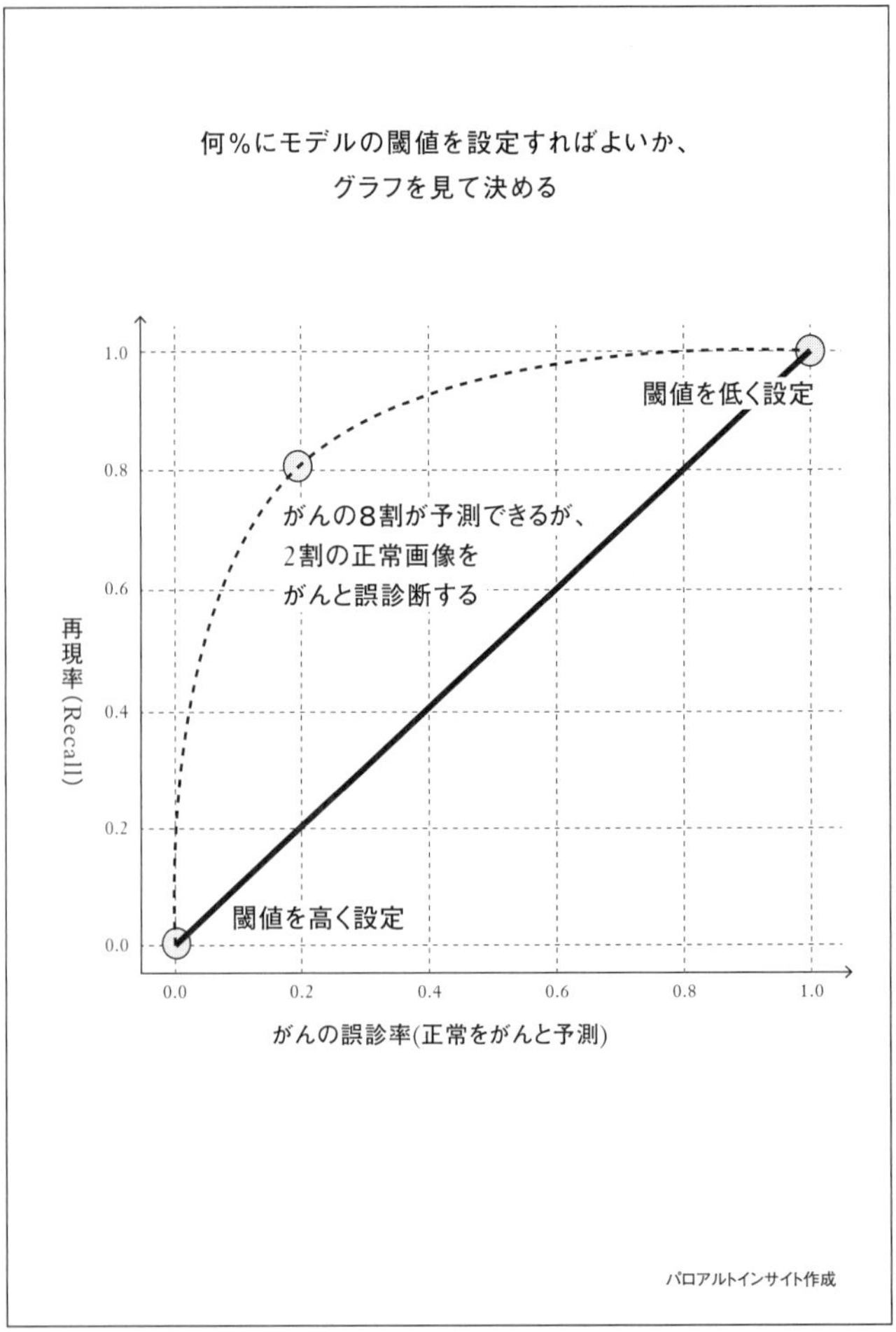

E：倫理性（Ethics）
――倫理的に正しいかどうか

最後に、倫理性（Ethics）があるかどうかをチェックする。

以前、リクナビが学生の了解をとらずに、内定辞退率を算出して企業に販売していたことが問題になった。これはまさに、AI開発の倫理性を問われる事態だったと思う。

ここで、リクルートキャリア（以下リクルート）が企業に売っていた内定辞退率データに関して何が問題なのかについて論じたい。

リクナビ内定辞退率データ販売問題は、以下のステップで行われていたと報じられている。

①過去の内定辞退者のデータを企業が委託契約という形でリクルートに共有する
②その辞退者のリクナビ上での過去の行動履歴データをリクルートがAI解析。どのような行動パターン（例：内定をもらった後も別の企業ページを見ていたかどうか、応募したかどうか等）や属性が内定辞退をした者に見受けられるかを解析。
③今年の選考者リストを企業側から受け取り、②のステップで抽出した属性やウェブ上

での行動パターンに似ている行動をとっている人物を選定

④企業側に5段階予測値という形で、選考者の「内定辞退率」を販売

リクルートに発注をしていた企業は報道時点で38社。企業とリクルートの間には委託契約がなされていたということだ。

まず法的には、個人情報保護法第23条にあるように、本人の同意を得ないで情報を第三者に提供することを禁止しており、今回リクルートは8000人以上の学生から同意を得ないでデータを委託元の企業に提供していたとされる。

しかし、このケースは法律違反そのものより、もっと大きな次元での問題を露呈したと考えている。

AIビジネスにかかわる私から見ると、リクルートに委託発注をした企業側が、過去の内定辞退者の個人情報をリクルートに共有していたことが、そもそもの大きな問題だと感じてしまう。

というのも、就職活動で応募をした人の個人的な属性情報と、内定を辞退したという事実をリクルートに渡していなければ、リクルート側が過去の内定辞退者に基づき辞退者と

図18　FOME分析④　倫理性(Ethics)

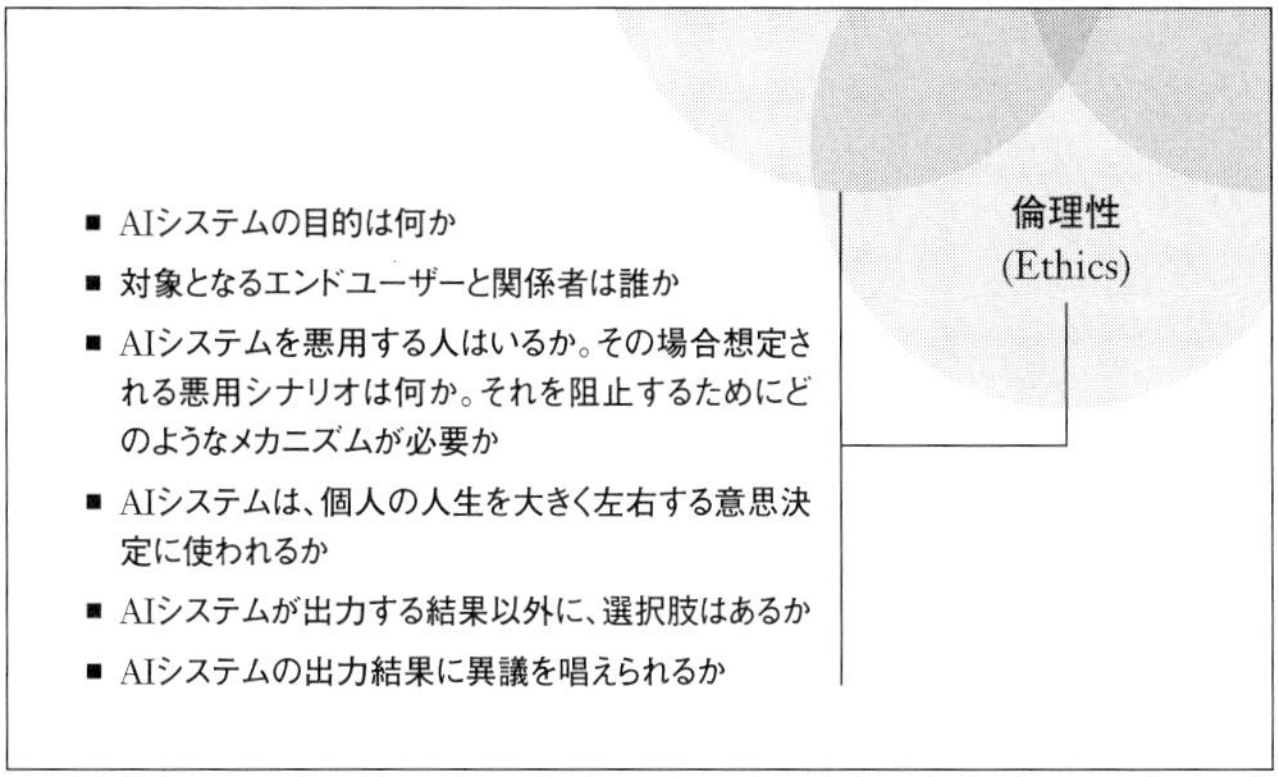
■ AIシステムの目的は何か
■ 対象となるエンドユーザーと関係者は誰か
■ AIシステムを悪用する人はいるか。その場合想定される悪用シナリオは何か。それを阻止するためにどのようなメカニズムが必要か
■ AIシステムは、個人の人生を大きく左右する意思決定に使われるか
■ AIシステムが出力する結果以外に、選択肢はあるか
■ AIシステムの出力結果に異議を唱えられるか
倫理性
(Ethics)

そうでない人の「特徴量の抽出」をすることは難しいためである。

ここで、いくつかの疑問が生じる。

・業務提携していた企業側に社内で抱えるデータサイエンティストがいたと仮定して、そのデータサイエンティストに過去の内定辞退者の情報を渡して解析し、今後の採用に使ったとしたら、問題になるだろうか。

・または、企業側が（リクナビを運営しているリクルートではなく）独立したＡＩ会社に委託していた場合、問題になるだろうか。

こういった倫理的な問題は、今後のＡＩビ

ジネスには、常についてまわることになるだろう。ＡＩを導入する際には、そもそものシステムの目的は何で、対象となるエンドユーザーは誰か。ステークホルダーは誰か。そして、そのＡＩシステムを悪用する可能性がある人はいるかどうか。それらを洗い出す必要がある。

そのうえでもし悪用される可能性があるならば、それを阻止するためにはどういう技術が必要か。これを必ず議論しなくてはならないだろう。

もうひとつ、このケースで欠けている議論がある。それはリクルートが開発した内定辞退率予測ＡＩの「精度」の話だ。変な話かもしれないが、もし99・9％の精度で応募者の辞退率を当てるＡＩだとしたら、誰が損をするのか？　という議論も考えられる。

辞退をする予定だった人はオファーをもらわずに済み、自分が行きたい会社により集中でき、内定を出す予定だった会社の採用担当者はコストを削減でき、席が空くことで本当にその会社に行きたい人によりオファーが出る確率が高くなるとしたら、誰も損をしない関係になり得るからだ。

しかし、倫理的な問題を除いても、99・9％の精度のＡＩを開発することは難しいだろ

う と考えられる。となると、0・1%の間違いが、応募者の人生を大きく変えることになる。

アマゾンで商品をレコメンドする、グーグルで広告を表示する、というAIはあくまで消費者に決断が委ねられる。クリックするかしないか、内容を見るか見ないかは個人次第。個人にコントロールする力があるからだ。

しかし、内定をもらうかもらわないか、ローンの審査が通るか通らないか、といった「人生を大きく変える決断」は、自分がコントロールできないものである。

線引きは難しいものの、そのような大きな意思決定プロセスにAIを使うときは、開発者と発注者は、いっそう慎重にならなければならないだろう。

XAI（説明可能なAI）とモデルカード

こういった倫理的な問題をクリアにしていくために、**アメリカでは、説明可能なAI（XAI=Explainable AI）という概念が浸透しつつある。**

AIを開発し意思決定をするものは、そのデータを扱う社会的重みと責任を理解し、本来必要のないデータなのであれば最初から入手しないという明確な姿勢が求められているのだ。

こういった議論がさかんになったのは、フェイスブックのプライバシー問題が与えた影響が大きい。この件は、リクルートの問題と似ている点が多いので紹介したい。

フェイスブックのケースで問題になったのは、独占的立場で収集できるデータを第三者に開示していたことだ。これはいわゆるケンブリッジ・アナリティカ問題といわれていて、ネットフリックスでは告発ドキュメントまで制作された。今もフェイスブックへの批判は止まっていない。

捜査が始まり、フェイスブックは連邦取引委員会へ50億ドルの和解金を払うことで合意した。また、2019年8月にはOff-Facebook Activityという「ユーザーから収集したデータとユーザーのアカウントを切り離す広告技術」を発表した。ターゲティングの精度が下がることによる売上減少を覚悟してでも、ユーザーのプライバシーを守ることを優先事項においたのだ。

また、ユーザーデータを収集するために、フェイスブックリサーチを立ち上げ、ユーザーに毎月20ドルほどの報酬を払う代わりにスマホ上のその他のアプリデータを提供してください、というプロジェクトも立ち上がった（13才以上を対象にしていたため問題視され現在中止、現在は18才以上を対象にしている）。

これに関しては賛否両論あるものの、ユーザーに「自分たちの行動ログデータは、料金を支払われてまで手に入れたいデータなのだ」という商品価値が伝わった。

今、アメリカの消費者は、自分のログデータがどんな金銭的価値に転換され、自分や社会にどんな影響があるのかを理解しつつある。リクナビの件も同様だが、市場を独占するプラットフォーマーには公平性と透明性がより強く求められるべきという動きは、今後も強くなっていくだろう。

現在アメリカでは、「モデルカード」[17]というフレームワークが導入されようとしている。これは、グーグルのリサーチチームが書いた論文がもとになっており、AIモデルをつくる際に特定のアルゴリズムについての簡潔な情報を提供するフレームワークだ。これによって、開発者はどのモデルをどういった目的で、どのように開発するのが責任あるやり

17 https://arxiv.org/pdf/1810.03993.pdf

図19　モデルカード

■ モデルの詳細／モデルの基本情報

・モデルの開発者（個人または組織）　・モデルが開発された日付　・モデルのバージョン情報　・モデルのタイプ　・学習アルゴリズム、パラメータ、公平性に関する制約、その他に利用されたアプローチや特徴に関する情報　・追加情報の参照元となる論文やその他のリソース　・出典詳細　・ライセンス　・モデルに関する問い合わせ窓口

■ 利用目的／開発時に想定されたユースケース

・想定される主なユースケース　・想定される主な利用者　・想定外のユースケース

■ 要因／要因には、人口統計学または表現型上のグループ、環境条件、技術的属性、別途提示するその他の要因が含まれる

・関連要因　・評価要因

■ 指標／実世界におけるモデルの潜在的な影響を反映するために指標を選択する必要がある

・モデルのパフォーマンス指標　・意思決定におけるしきい値　・変動アプローチ

■ 評価データ／カードの定量的分析に使用したデータセットの詳細

・データセット　・モチベーション　・前処理

■ 学習データ／実際には提供できない場合があるかもしれない。なお、可能であれば、このセクションには評価データを反映させるべきであるが、そのような詳細を提供できない場合には学習データセットのあらゆる要因別の分布の詳細など、最低限許容できる情報をここに提供すべきである。

■ 定量的分析

・単元的な分析結果　・交差的な分析結果

■ 倫理的配慮

■ 注意書きと推奨事項

著者訳出

方なのかなどについて、より的確な判断を下せるようになる。

日本のAI研究の第一人者である松尾豊先生の言葉を借りれば、「食品業界における〝遺伝子組み換え商品ではない〟のような消費者との約束が、AIにも必要」[18]ということだろう。

フェイスブックのケンブリッジ・アナリティカの問題が表に出てからは、フェイスブックをはじめグーグルなども会社の中で、AIに関しての専門家委員会や第三者委員会のようなチェック機関が設けられるようになった。

少し長くなってしまったが、この流れは、日本企業のDX担当者も知っておくべきだろうと思って紹介した。

まずどの部門でDXを進めるか
──不二家の事例

ここまで、①F：実現可能性（Feasibility）、②O：応用性（Opportunity）、③M：検証性（Measurability）、④E：倫理性（Ethics）の一つひとつに対して、細かく数値評価する方法

18 https://xtrend.nikkei.com/atcl/contents/18/00281/00009/

を紹介してきた。

そして数値が高くなった課題をどんどん絞りこみ、最終的にプロジェクトを選ぶというのが、われわれが行っているプレAI診断（の一部）である。

数ある事業のうち、どの部門でDXを進めるのが最も経営インパクトがあるのか。ここでひとつクライアントの事例を紹介したい。製菓業の不二家のケースだ。

不二家の事業は、大きく2つの事業に分かれる。洋菓子事業と菓子事業だ。洋菓子事業は、店舗でケーキなどを売る事業。一方、菓子事業は、コンビニやスーパーで売っているカントリーマアムやミルキーなどを作る製菓業である。

この2つの事業の売上高構成比を見ると、洋菓子事業が全体の約2割。菓子事業は全体の7割である。決算書を見ると、この洋菓子事業は長年赤字で、会社の利益を支えているのは菓子事業になっている。

さて、ここでみなさんにも考えてほしい。もしあなたが不二家の経営者だったとしたら、どちらの部門でAI導入するだろうか。

結論からいうと、不二家は、**あえて赤字事業の洋菓子部門でAI導入をすることに決めた。言うなれば、守りのAI投資だ。**

もちろん、成長事業に対して強化型AIを導入するという考え方をするのもいいだろう。しかし、赤字事業にあえてAIを導入するのには、いくつかのメリットがある。

まず、いくら売上が伸びても赤字事業が改善しなければ、黒字事業の努力が増える。赤字の出血をおさえることができれば、これを防ぐことができる。

そして、赤字事業はリスクが少ない。赤字事業は、少しの改善でも大きな成果が得られるケースが多いからだ。

これは見逃されがちな視点なのだが、**とくに大企業になればなるほど、最初のAIプロジェクトは失敗するわけにはいかない。**そのプロジェクトの成否が、今後企業でDXが好意的に進められるかどうかの鍵を握るからだ。

すでに98％うまくいっている黒字部門で、成果を99％にするAI導入は、あまりインパクトをもたらせない。しかも、黒字部門は会社の生命線なので、失敗したときのリスクも大きい。

それよりは、赤字部門で改善を目指すＡＩ導入は、最初のプロジェクトとしてリスクが少ないし、うまくいった場合のインパクトも大きい。

アフターコロナにおけるＤＸ成功の鍵のひとつとして、「赤字事業や危機的事業にＡＩ投資せよ」という考え方がある。

赤字事業を黒字化することで出血を止め、体を健康な状態にしたうえで、さらに成長していくといった考え方だ。その点で、この不二家の決断は非常に先鋭的だ。

もちろん、洋菓子事業でＡＩ導入をすると決めたのは、ただ赤字部門だったからというだけではない。このときも、先ほどから紹介しているＦＯＭＥ診断で、①実現可能性、②応用性、③検証性、④倫理性を検証したうえで導入を決めた。

事業部の人たちにヒアリングを重ね、経営陣とも議論を重ねた結果、具体的にどのようなＡＩ導入をしたかを説明しよう。

不二家はショートケーキやアップルパイ、プリンといった定番商品のほかに、実は毎月多くの新商品を開発している。

夏の時期にはメロンやスイカを使った期間限定のケーキが登場し、クリスマスになればショートケーキのさまざまなバリエーションがショーケースに並ぶ。3月には雛祭りのスペシャルケーキ……というように、常に新商品を売り出している。

この場合、製造個数が多すぎて売れ残ると廃棄ロスになってしまう。逆に製造個数が少ないと売り切れてしまい、機会損失を招く。これをなんとかしたいというのが課題だった。また、製造のラインが多岐に分かれているのも特徴だった。工場は複数あり、解析すべき対象材料は、なんと2000種もあった。これらの材料を効率的に配置するだけでも、コストは下がる。[19]

こういった事情を踏まえ、われわれは同社の新商品の売上予測をするためにAI導入をすることにした。現在、これら2000種の材料のデータを解析し、出荷量を予想するモデルを設計しているところだ。これは、会社にとって非常に有益な投資になっていくと思われる。

19 https://www.nikkei.com/article/DGXMZO61834710S0A720C2TJ2000/

円密度の高いデータにAIを導入する

赤字部門を止血するという考え方のほかに、円密度の高いデータでAI導入するというアプローチもある。円密度の高いデータとは、一言でいうと、会社の売上または利益に強い影響を及ぼすデータのことだ（126ページ参照）。

たとえば、家の売買の仲介を行う不動産エージェントがいるとする。この人には、家の売値の5％ほどがコミッションとして支払われる。

その場合、この不動産エージェントにとって最も円密度が高いデータは以下の7つのうちどれだろうか。

①今、売りに出されている物件の写真
②家の詳細情報（敷地面積、住所、建築詳細、庭付きかどうか等）
③物件紹介ウェブサイトに訪れたユーザーのクリック等などのログデータ
④同地域で売られた家の売値（過去の推移含む）
⑤家のレビュー

⑥エージェントと家を買うバイヤーとの交渉やり取りメモ
⑦家の近辺で将来建築される建物に関するニュース

円密度の高いデータとは、いってみれば一番お金の匂いがする重要なデータだ。もうおわかりかと思うが、この場合、最も円密度が高いのは④のデータだ。家の売上の5%がエージェントの収入になるのであれば、一番大事にしたいのは、④の同じような家がいくらで売られたかという情報だからだ。

このように、会社にとって円密度が高いデータはいったい何かを考えることは非常に重要だ。

先ほど紹介したベストパーツは部材の受注会社なので、やはり受注ファックスのデータが最も円密度が高いといえる。そのデータに関してAI導入することは、会社の売上に対しても大きなインパクトをもたらす投資となる。

もうひとつ、円密度の高い投資でクライアント企業に大きな変化が起きた事例を紹介しよう。

物流会社のＡＩモデル導入
──ダイセーロジスティクスの事例

ダイセーロジスティクス社は物流会社だ。このＡＩ導入は1年前に終了したプロジェクトで、すでに大きな成果が出ており、現在はフェーズ2に進んでいる。

同社は、現在300台ほどのトラックを所有しており、コンビニやスーパーなどに、食料品を運んでいる。この企業にとって最も円密度が高く重要な課題は、配車作業だった。

配車作業とは何かというと「次の日に、どのトラックが、どこへ、何を届けるか」というルートの組み合わせを考えることを指す。それまでは、配車マンと呼ばれる専門家が、毎日3、4時間かけて手作業で組み合わせを考えていた。この配車作業にＡＩを導入したのだ。

難しいのは、単純に移動距離を減らせばよいというものではないところだ。

「Ａさんは埼玉ルートの経験があまりないから、時間がかかるだろう」

「Ｂさんは、先日長距離をやってもらったばかりで、連続しないようにしたい」

「明日は水曜日なので、午後イチでお客様のＣさんに荷物を届けなくてはならない」

「毎週土曜日は、この道はとても混む」

など、現場の制約条件がとても複雑なのだ。

これらの配車作業を、2人の配車マンが全部請け負っており、2人はテトリスのように配車ルートを組み合わせていた。

この作業自体が非常に非効率だし、2人にかかる心理的な負荷も大きかった。もしその配車マンに何かあったら、すぐに立ち行かなくなる属人的なモデルであることも問題だった。

われわれがAIモデルを導入したあとは、90％のカバレージで配車の割り付けがほぼ完了した。納品先が日々変わる中で、90％のカバレージは重要なKPIだった。

もちろん、作業時間の効率もあがった。しかし、重要なのは、配車マンの作業時間が3～4時間から30分に短縮されたということだけではない。AI導入の副次的効果として重要なのは、社員やマネジメント層のマインドセットが180度変わるところにある。

まず、2人の配車マンは、現在AIトレーナーとして、このプロジェクトのキーパーソンになっている。実際の現場では、AIが配車した納品先の順序を、配車マンがチェックする。この配車マンのフィードバックをもとに、AIがさらに学習をするという仕組みだ。

このプロジェクトのもうひとつの大きなＫＰＩは、配車マンがこの組み合わせを受け入れるかどうかだったのだが、この結果もいい数字が出ている。

経営層のマインドセットも大きかった。

その後、ダイセーロジスティクスは、総合ＡＩ配車センターを作って、複数の配車センターを横断的に管理する総合ＡＩシステムの開発に乗り出している。これまでは、限定的なエリアだけの配車システムだったものを、別エリアにも拡張展開しているのだ。

さらには、休止状態になっているトラックをいかに減らし、自分たちが持っている資産を運用するかを考えるようになった。

ダイセーロジスティクスは、このプロジェクトを皮切りに、物流デジタルカンパニーとしての運営を開始した。会社にとって大きな意味を持つプロジェクトになったといえるだろう。

アフターコロナにおけるＤＸ成功の鍵のひとつは、「自分たちはＩＴ業界だ／ＩＴ業界ではない」といった線引きをせずに、あらゆる業種において自社をデジタルカンパニーと

して経営することではないだろうか。

ネットフリックスのレバレッジポイント

先ほどは不二家の例をあげて紹介したが、会社にとってどの事業へのAI投資がレバレッジポイントになるのかを見極めることは重要だ。なぜなら、それが将来のDXの成功につながるからだ。

デジタル投資をすべきところと、そうではないところ。その見極めのプロだと思う企業のひとつが、ネットフリックスだ。

DXについて語るとき、アメリカ企業で最もトランスフォーム（変身）した会社は、ネットフリックスだったと私は考えている。

ネットフリックスのレバレッジポイントに関しては、第1章で紹介したサルダナの著書でも一部紹介されている。

ひとつめは、**将来のトレンドを検知する姿勢だ。**

ネットフリックスは、1998年にDVDを自宅に郵送するビジネスから始まった会社である。当時、アメリカのレンタルビデオは、ブロックバスターなどの大手がひしめいていたのだが、そのレンタルビデオ業界に革命をもたらしたのがネットフリックスだった。期限を過ぎると追加料金が取られるブロックバスターなどのレンタルビデオ屋に対して、ネットフリックスは一切の期限をなくし毎月の定額システムにした。これによってユーザーは、延滞金を払うことなく、次のDVDを見たいと思ったときに返却すればよくなったのだ。

当時ネットフリックスは、たったの925種類の映画しか持っていない中でビジネスをスタートした。2000年にブロックバスターに業務提携を持ちかけるが断られている(ブロックバスターはその後2010年に破産申請を行うに至った)。

次の転換点は2007年だった。この時期、ネットフリックスは好調だったレンタルの事業形態から突然ほぼ撤退し、ストリーミング事業に乗り出す。DVDプレーヤーで映画を見ることに慣れているユーザーにとっては、「ストリーミングコンテンツって何?」という心理的な壁があったのだが、みなさんもご存知のとおり、このストリーミングコンテンツは瞬く間に世界の潮流となる。

これは、ネットフリックスのCEOであるリード・ヘイスティングスの先見の明といえるだろう。

彼は2000年頃から、インターネットの回線速度が爆発的に速くなってきていたことに注目していた。こうなると、DVDが家に届くまでの5日間を待つ人は近い将来いなくなるだろう。映画も、即時に見たい人が増えるだろうと2000年時点から見極めていたのだ。そこで、好調だった郵送ビジネスの優先順位をあえて下げ、ストリーミングコンテンツに参入したのが2007年。これこそ、DX。まさに変身である。この箇所に関しては第5章でより詳しく紹介する。

次の変身は2013年。これは私自身もはっきり覚えているのだが、ネットフリックスオリジナルで、ケビン・スペイシー主演の大ヒットドラマ「ハウス・オブ・カード（House of Cards）」が誕生した。これは、ネットフリックスが映画配信プラットフォームからコンテンツスタジオに変身した瞬間でもある。

ネットフリックスは、単に既存の映画監督や俳優を使って映像作品を制作しただけではない。ストリーミングビジネスがスタートしてから日々蓄積されてきたデータをもとに、この原作で、この監督とこの俳優の組み合わせであれば、どれくらい視聴されるかを事前にかなり正確に予測していたのだ。

将来のトレンドを検知する。そして、検知したら一切の躊躇なくそこに投資する姿勢を見せるというのがネットフリックスの強さである。

次のレバレッジポイントは、**透明性の高い文化**である。

ＡＩの開発は最初から最後まで決まった形で進むわけではない。常にＰＤＣＡを回し、最適な方法に乗り換えながらスピード命の開発を行う。そのためには、無駄な組織のレイヤーや作業工程を省くことが絶対条件であった。そこで求められるのが業務内容の透明性の高さというわけだ。ネットフリックスでは、この透明性の高さが企業文化として浸透している。

たとえば、ネットフリックスでは社員全員の給料が公開されている。そして、有給制度がない。なので、3か月休みたいと思えば休めるし、1日も休まないと思えば休まなくてもよい。360度評価などもない。圧倒的な透明性と個々が持つ裁量権の大きさがネットフリックスの企業文化を推し進めている。

図20　ネットフリックスのレバレッジポイント

1 将来のトレンドを検知する姿勢

DVDを郵送するビジネスから始まった(1998)当時は925種の映画しかなかった。2000年にレンタルビデオ大手のブロックバスターとの提携をもちかけるが断られる

2007年、第二の変革。ストリーミングコンテンツへの参入(2000年当初からリードヘイスティングはインターネットのスピードが早くなるにつれて、人々はDVDが家に届くのを待ちたがらななるだろうと予測、早い段階からストリーミングに投資)

2013年、オリジナルムービー制作に参入

2 透明性の高い文化

社員全員の給料が公開、有給制度なし、社内で販売する部品などはタダで誰でも自由にもっていける、360度評価なし

3 ディスラプティブな技術に対する投資

非常に拡張可能でオープンなアーキテクチャに当初から投資。

すべての映画を50種類の違うバージョンに変換してユーザーが異なるスクリーンで観たときもユーザー体験が一致するようにストアしている

(しかし、ムービーコンテンツのストレージはAWSを利用したまま!)

Why Digital Transformation Fall by Tony Saldanha を参考に著者作成

ちなみにネットフリックス本社の購買部では、PCをはじめヘッドフォンやコードなどを売っているのだが、それらはすべて無料で持っていっていいことになっている。

最後のレバレッジポイントは、**ディスラプティブな技術に対する投資**である。ディスラプティブとは、日本語で「破壊的」といった意味だ。他社との競争優位性になるようなディスラプティブな技術に対しては、惜しみなく投資する。

そのかわり、クラウドサービスなどは、他社のサービスを使うこともある。たとえば、ネットフリックスは、AWS（アマゾンのクラウドコンピュータサービス）を利用している。こういった、莫大なコストがかかり、且つ（サーバーなどの移行コストの高さから）先行者利益がある領域のクラウドサービスでアマゾンと張り合おうなどとは一切思っていないのだ。

ネットフリックスが投資すべきなのは、配信する映画の質やストレスのないユーザー体験だと考えている。

たとえば、ネットフリックスは、ひとつの映画につき50種類ものバージョンで画像をストックしている。大きなスクリーンのテレビで見てもスマホやタブレットで見てもユーザー体験が一致するようにするために、多額の投資をしているのだ。

このように、**自分たちの企業が投資すべき部分はどこか。そのレバレッジポイントを見極めることが、今後はより重要になってくる。**

マッピングチャートで自社のレバレッジポイントを探す

パロアルトインサイトでは、『Orchestrating Transformation: How to deliver winning performance with a connected approach to change』（邦訳『DX実行戦略 デジタルで稼ぐ組織をつくる』マイケル・ウェイド他著、日本経済新聞出版、2019）で紹介されていた「DXオーケストラ」のコンセプトを参考に作成した課題マッピングチャートを使って、クライアントのレバレッジポイントを見つけるようにしている（図21）。

たとえば、販売チャネルに関して課題が5つ出てきたとしたら、その5つに関して、5VとFOMEテストをして、現在、その課題に対してどれくらいのリソースがあるかを数値化する。

図21　パロアルトインサイト流・課題マッピングチャート

	課題	データの5V	FOMEスコア	人材
販売チャネル				
商品、サービス				
顧客エンゲージ				
提携先エンゲージ				
社員エンゲージ				
組織編成				
インセンティブ				
企業文化				

『Orchestrating Transformation: How to deliver winning performance with a connected approach to change』を参考に著者作成

同様に、商品開発に関しても、開発サイクルが遅いといった課題が出てきたとしたら、ここでも5VとFOMEテストをする。過去の開発のデータはあるのか。商品開発にAI導入する際の人材はいるのかなどを評価して、マッピングしていくのがよいだろう。

DX事業化には4つの道のりがある

POCの罠のもうひとつの課題が、事業化までの道のりを描けないということだ。事業化までのロードマップがないと事業計画書を作成できないため、役員会議などで予算申請をしても落とされる可能性が高い。

ビジネスモデルが具体的ではない、経済的リターンがいつ見えるかわからないという理由で、優れた事業化案がいくつも落とされるのを私は見てきた。

事業化には、プロトタイプなどの最小のコストで開発した試作品プロダクトを世に打ち出す段階的公開プランが必要である。しかし、そのプランには実は4種類あり、自分が事業化しようと思っているプロダクトがどれに当てはまるかを知っておく必要がある。

コロンビア大学大学院教授のデビッド・ロジャースは著書『Digital-Transformation-

図22　デビッド・ロジャースのDX事業化マトリクス

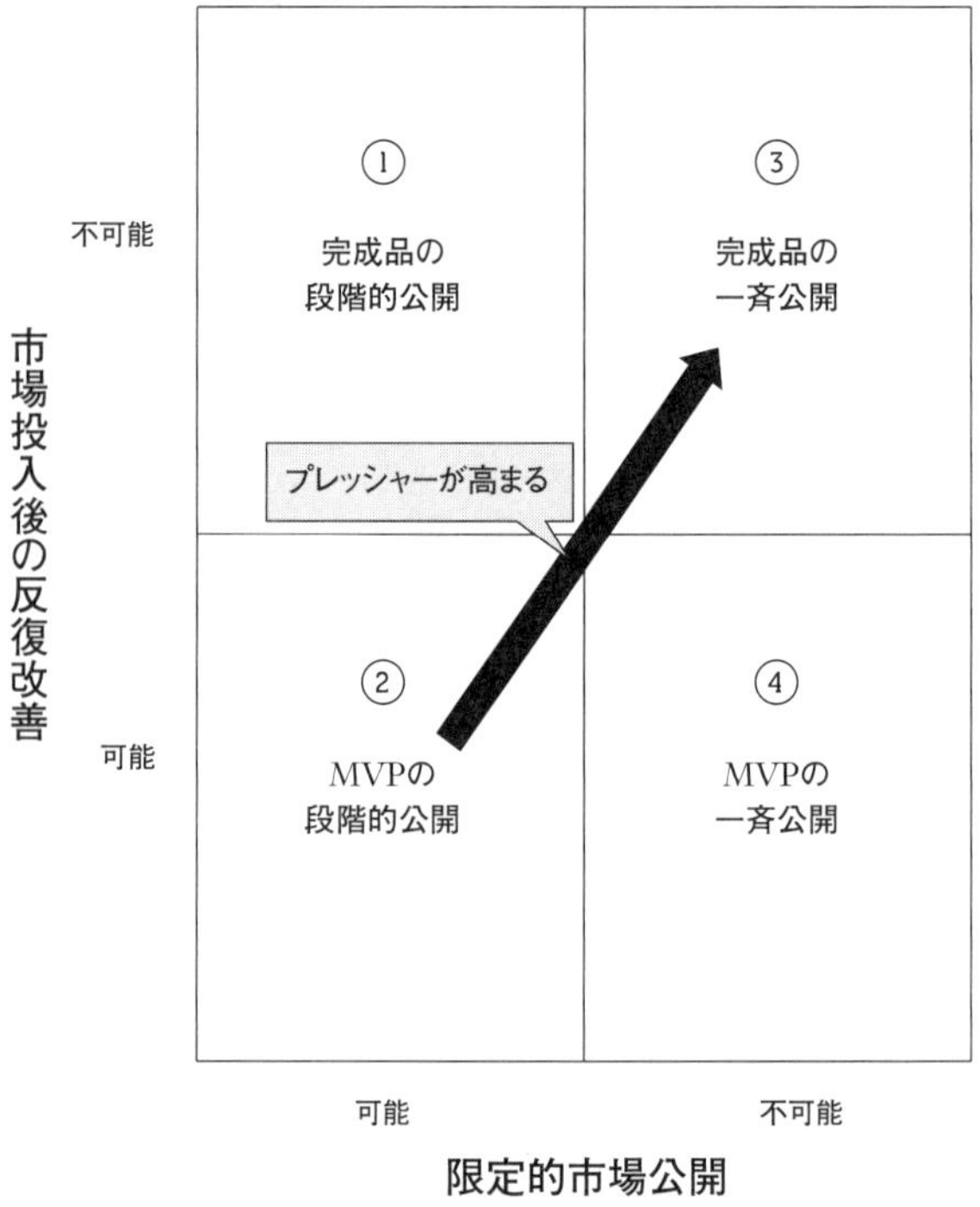

出典:「DX戦略立案書」(デビッド・ロジャース、白桃書房、2021)

Playbook』（邦訳『DX戦略立案書』白桃書房、2021）で、DXの事業化には4つのやり方があると書いている。

図22のマトリクスでは、縦軸は「リリースした後にバグ修正などの改善が可能か、不可能か」の2択である。そして横軸は、「ローンチの対象となるユーザーの限定が可能か、不可能か」の2択となる。詳しく見ていきたい。

①完成品の段階的公開
②MVP（Minimum Viable Product）の段階的公開
③完成品の一斉公開
④MVPの一斉公開

まず、この4つの中で一番コストがかからず担当者にプレッシャーもかからないと考えられているのが、②に属するプロダクトだ。

②は、限られたテストマーケットで段階的公開が可能なプロダクトに適している。顧客からのフィードバックをスピーディに改善としてくり返すのである。日本流にいえば、

PDCAをクイックに回す、というイメージだ。このような場合は、最小限のプロトタイプから、実際の商品開発に直接流れ込む可能性がある。

この方法で成功した事業に、高級ブティックのドレスをレンタルできるECサイトのレント・ザ・ランウェイがある。この最初のウェブサイトは招待制で、わずか5000人のユーザー向けにサービスを開始した。これだけ限られた人数でローンチしたので、デザイナー300人、服は8000着の在庫でスタートできた。これによって、在庫リスクなどを抱えることなくプロダクトマーケットフィットを検証することができたのだ。

また、すべてECサイトで管理できるという構造も、バージョン更新を次々行いPDCAが回せるという強みがあった。これにより、ユーザーのフィードバックや使用している状況を常にモニタリングし、ウェブサイトの改善を続けることができた。

ローカルに制限された②の事例でいうと、配車アプリのウーバーが挙げられる。ウーバーは2009年に創業してから、2010年5月にサンフランシスコで限定的にベータローンチを行った。当時は乗用車ではなくリムジン車の配車アプリだったが、本社があるサンフランシスコで限定的にローンチを行い、運転手と利用者の獲得に関するノウハウや利用状況に関するデータを集めていった。[20]

ウーバーの成長の特筆すべきところに他都市への展開の早さが挙げられるが、2011年5月にはニューヨーク市に展開、同年9月にはシカゴへと展開していった。そしてその3ヶ月後にはパリに国際展開をした。他都市へ展開する際の攻略法やオペレーションのマニュアル化などができることが段階的公開のメリットのひとつだといえる。

右下の④は、左下の②のモデルに比べ、よりハードルが高くなる。ここに属するプロダクトは、リリース後にユーザーの増加を制限することができなくなるからだ。

たとえばネットワーク効果を必要とするエアビーアンドビーなどのマーケットプレイスや、オークションサイトのイーベイ（eBay）などは、買い手と売り手の両方を必要とするビジネスモデルである。

顧客が少ないオークションサイトでは、誰も出品しようと思わない。だから、買い手と売り手の双方を、ローンチの早い段階で同時に増やすことが不可欠だったのだ。

その結果、ユーザーを最小に制限する②のモデルは選択肢としては外れる。これが意味することは二つ。ローンチの段階である程度完成度の高いプロダクトをつくっている必要

20 https://en.wikipedia.org/wiki/Timeline_of_Uber

があること、スケールアップできるインフラを最初からつくっておくことだ。

ユーザーからすると、最初にリリースされたプロダクトやサービスがもたらす印象は強く、それがずっと続くものだと考える。使い勝手が悪い状態が続けば、顧客の離脱はまぬがれないだろう。だから、フィードバックは迅速に行う必要がある。

プロダクトがうまく機能した場合は、ユーザーが指数関数的に増加する可能性がある。その事態に最初から備えておく必要があるため、ＰＯＣの段階でもこちらはひとつめのものと比べ、よりコストがかかるタイプだといえるかもしれない。

左上の①のモデルにも、さまざまな困難がある。

①では、限られた場所、または限られた顧客向けにプロダクトや事業をスタートさせることができるが、スタートした後は、すぐにフィードバックをもらって修正や改善をくり返すことができない。したがって、スタートの時点でプロダクトやサービスに磨きをかけておく必要がある。

それでも、最初の調査結果を検証し、さまざまな顧客やさまざまな市場でどのように受け取られるかをテストすることで、事業を段階的に展開することは可能だ。

このような道筋を通るのは、たとえば小売業などである。

一例をあげると、スターバックスは今のコーヒーチェーン店になる前は、シアトルで、地元のワインやクラフトビールの提供など、さまざまなアイデアをテストしてきた。

その後も、スターバックスは、さまざまなテストを地域限定でくり返している。たとえばボストンの店舗だけで、ワイヤレス充電マットをテストしてから全国に展開したり、ニューヨークのエンパイアステートビルで働く顧客だけが利用できるコーヒー配達アプリもテストしてから、横に展開をしたりしたことが知られている。

右上の③のタイプの事業リリースは、最も難しい。

このケースでは、プロダクトやサービスを一気に提供する必要があり、かつ、サービス開始後の修正や改善がほぼできないからだ。また、修正箇所があることが致命的な場合が多く、最悪の場合リコールなどになりかねない商品も含まれる。

このケースで成功するためには、事業を公開する前に、慎重にテストを重ねる必要がある。こういったケースは、新しい自動車、医薬品、製造業に代表されるハードウェアなどにみられる。

これで思ったようにうまくいかなかったのが、グーグルグラスだった。グーグルグラスは、まだバグがある状態で一般にリリースされた。しかし、一年以内にそれらのバグを回収して、ユーザーが納得いく状態に改善できなかったため、現在プロジェクトは暗礁に乗り上げている。

これは、グーグルがＧｍａｉｌなどに代表されるソフトウェア開発で、グーグル社員が最初のテストユーザーになり（ドッグフードを食べる、という言い方をする）、その次に特定のテストユーザーにリリースしてバグ修正などの改善を常に続けていくという、ソフトウェア業界の典型ともいえる②のアプローチに慣れすぎていたためであろう。

メガネのようなハードウェアをリリースするときに必要なチェックを過小評価していたのではないかと思われる。

ＡＩ導入の引き際

すでにＧＯサインを出したプロジェクトに対して、「どんな基準を満たしたらプロジェクトを撤退させたほうがいいか」についてもよく質問を受ける。

しかし、AI導入は、「撤退する」というような、白か黒の二択ではない。データ活用という意味でのAI導入は、会社として常に続けなくてはならないからだ。

開発→導入→運用という流れになった場合、運用フェーズでは、いったん開発作業の手をとめ、現場のエンドユーザーに使ってもらう。

そのことで集められるデータを収集して、再度検証してチューニングしていく。いくつもあるアイデアの中で、どれを捨てるかの判断をするといったイメージを持ってもらえばいいだろうか。

AI導入は、静止画の視点で見るより動画で見るほうがいい。

たとえば、2016年に発売されたある論文[21]によると、AIプロジェクトのライフサイクルは約18ヵ月であると書かれている。図23は、百度とグーグルブレインのIQスコアがどれくらい伸びたかを示したグラフである。グレーの部分が2016年で、ストライプが2014年。約2年弱で、どちらも大々的な成長をしたことがわかる。

21 https://arxiv.org/pdf/1709.10242.pdf

図23　百度（Baidu）とグーグルブレインのIQスコアが
２年間でどれくらい伸びたか

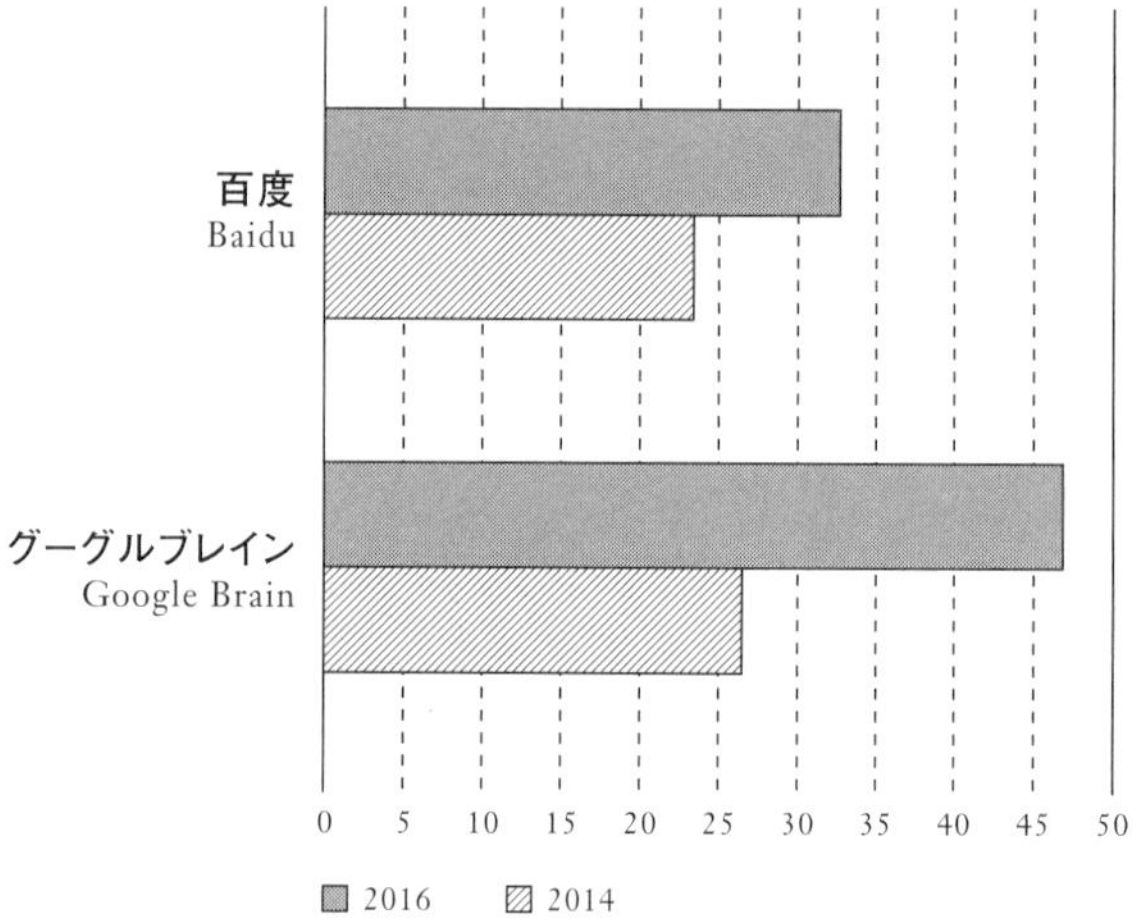

あなたは現在利用しているAIを
生涯使い続けるわけではない。
次の「新しくて改良された」モデルの
ライフサイクルは約18ヶ月であると考えていただきたい。
グーグルブレインは2年間で78％賢くなった。

出典:Intelligence Quotient and Intelligence Grade of Artificial Intelligence,
Annals of Data Science, June 2017, Volume 4, Issue 2, pp 179-191

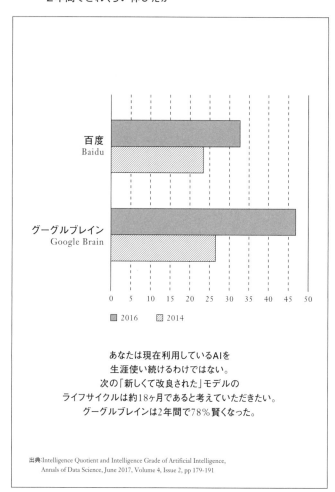

これは参考値でしかないが、6ヵ月程度でマジックが生まれることを期待しないと同時に、永遠のコミットメントもないことを理解したい。

DXを推進するために超えるべき壁③

第4章

「リソースが足りない」

イントレプレナーの壁とは？

本章では、「どの分野でDXを推進すればよいかのフォーカスは合っているが、社内外のリソースが集められずプロジェクトが進まない」ケースについて、原因と解決策を提示していく。このような壁を、本書では「イントレプレナーの壁」と名づけた。

イントレプレナーとは、社内起業家を指す。このようなタイプの特徴は、課題意識が明確なことだ。それこそ起業家のように、「私はこのプロダクトをつくる」といった非常に明確な課題感を持っている。

しかしそのように課題意識があっても、予算を確保し、人を巻き込んでプロジェクトを推進する力、つまり実行力に欠けていては、DXを推進するのは難しい。

イントレプレナーの壁を超えるために必要なリソースとしてはお金と人が挙げられるが、一番の問題はやはり人材だ。DXに不可欠なエンジニアやデータサイエンティスト、AIビジネスデザイナーなどが身近にいない、事業部との連携がうまくいかない、プロジェクトに必要な人の見極め方ができない——そのような組織ではプロジェクトが進まない。

図24　理解は進んでいるが、身近にAIサービスや人材がいない

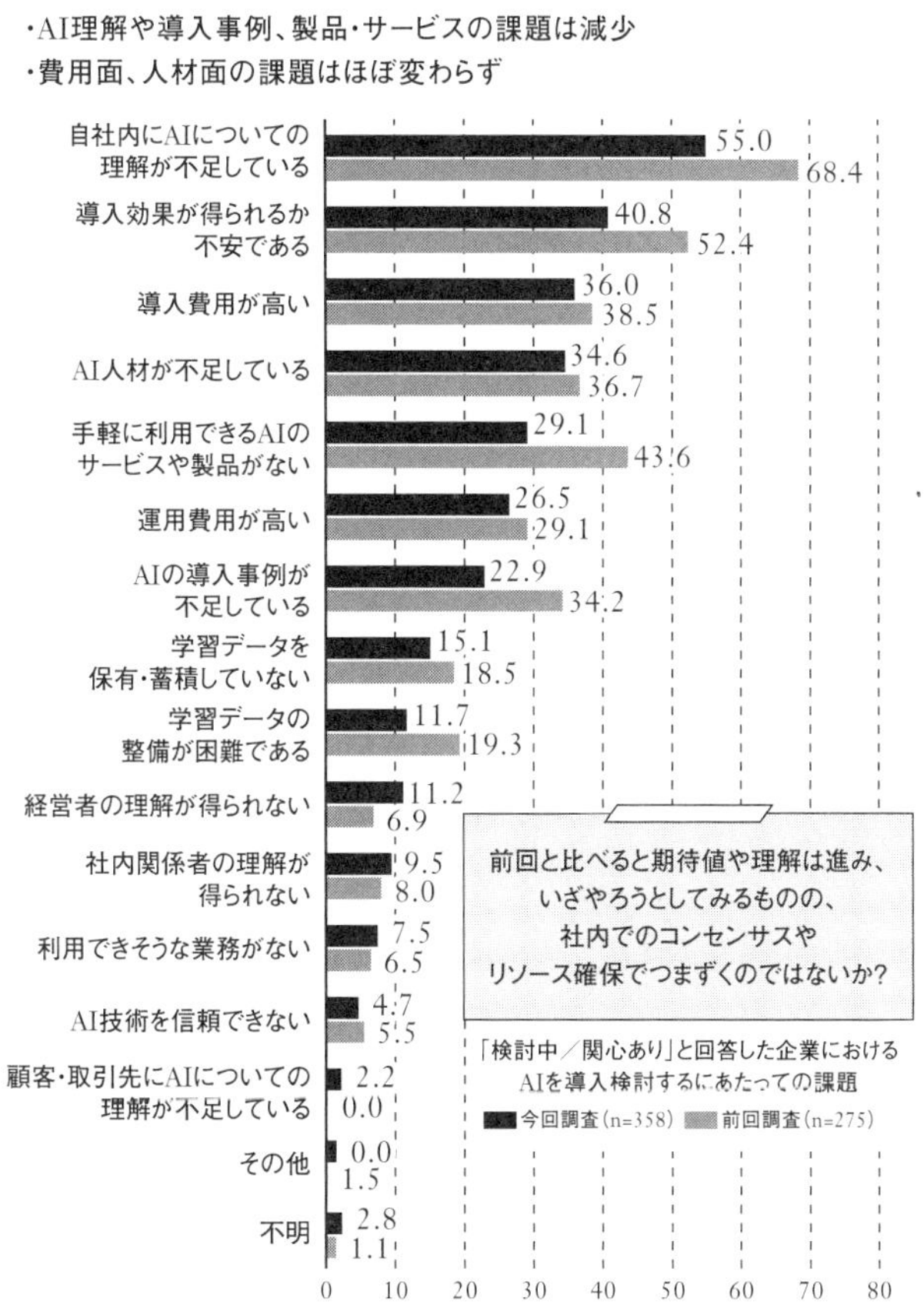

出典:IPA（情報処理推進機構）『AI白書2020』

ＩＰＡ（情報処理推進機構）がまとめているＡＩ白書２０２０年版に、ＡＩ導入を検討するにあたっての課題について聞いた資料が掲載されている（図24）。

「自社内にＡＩについての理解が不足している」と答えた人は、前回（２０１９年）は68・4％だったが、今年は55・０％に減少している。また、「導入効果が得られるか不安である」というのも、52・４％から40・８％に減少していて、ＡＩに対しての理解は進んでいることがわかる。

しかし、社内の理解に関しては、

・経営者の理解が得られない（前回調査６・９％→今回調査11・２％）

・社内関係者の理解が得られない（前回調査８・０％→今回調査９・５％）

となっており、前回調査よりも人的な関係性構築の面でつまずいている企業が多いことがわかる。

これはまさしく、ＡＩに対する理解が進み、実際に「さあ、スタートしよう」となっているからこそ、コンセンサスがとれないとか、リソースが確保できないといった現実面の課題が表出してきたのではないかと、私は考察している。

ここでは、DX推進に必要な人材とはどんな人材なのか、そういった人材を確保し、理解・協力してもらうためにはどうすればよいかについて話をしていこう。

DX推進に必要な人材

DX推進に必要な人材をあげるとしたら、後にも先にも**「経営者」**だ。まずは経営者がDXの必要性を理解していないと、プロジェクトは進まない。

われわれがDXの一環としてAI導入に関わった会社でも、経営者自らコミットしたプロジェクトは成果が上がりやすいと感じた。毎回の会議に必ずしも経営者が同席している必要はないが、予算を持っている意思決定者が参加することは重要だ。

次に重要なのが、課題を抱えている**「現場の人」**である。

先に話したダイセーロジスティクスのケースでいうと、配車マンやトラックの管理をしている人、そして情報システムの人たち。ベストパーツの例でいうと営業の人たちと、かなり密に仕事をしてきた。

現場で課題を抱えている人がなぜ重要かというと、その課題の根本的な原因をつきとめ、その解決をするための提案をしなければならないからだ。

前に話したように、ＡＩ導入やその先にあるＤＸには、導入の壁と定着の壁がある。この壁が生まれるケースは、エンドユーザー、つまりこの場合で課題を抱えている人を早い段階から巻き込めなかった場合に生じる。

突然よくわからないシステム会社がやってきて、ある日「新しいシステムだから使ってね」と言われても、現場の人たちは困ってしまうだろう。マニュアルを読み込むことも難しいし、研修に膨大な時間がかかるのも現実的ではない。

どんなＡＩ導入も、最後は現場の人が使えるツールに落とし込む必要がある。そのためにも、ＡＩ搭載したツールを早い段階から現場の人に使ってもらって、現場の人が実際に使えるものかどうかを検証しなくてはならない。

われわれはそのプロセスをＵＸセッションと名づけているが、ＵＸセッションを十分に行わないと、せっかく開発したＡＩが現場に定着しないままお蔵入りになってしまうことすらある。

図25　AIプロジェクトで必要な人々

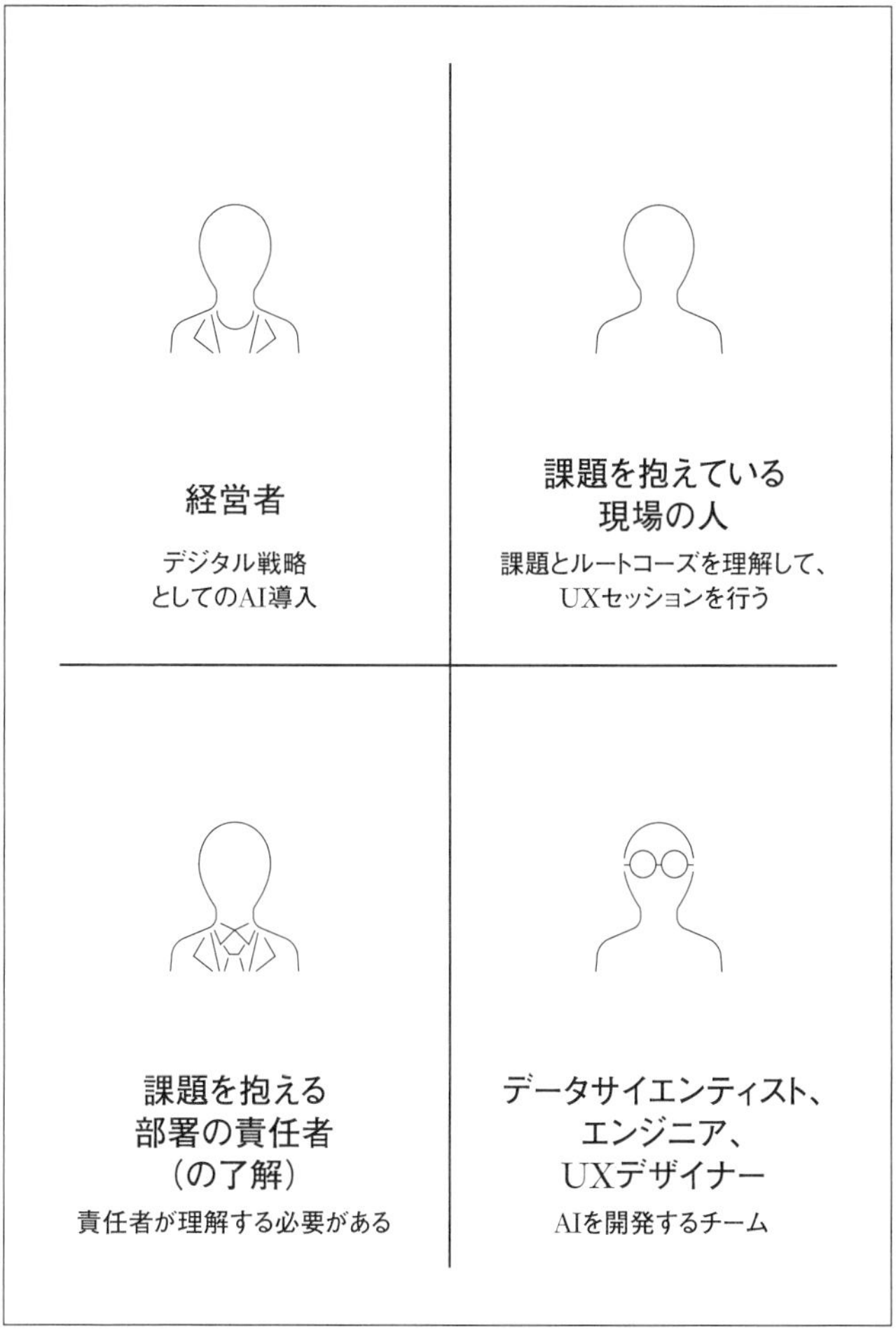

最後に重要なのが、こういった課題を抱える**「部署の責任者」**だ。DXを推進するにあたっては、部署の責任者がプロジェクトの重要性を理解している必要がある。なぜなら、現場の人たちがプロジェクトにリソースを割かれる理由を責任者が理解していないと、問題が生じやすいからだ。とくに大企業になると、こういった社内政治のような部分での調整が重要になってくる。

以上、「経営者」「現場の人」「部署の責任者」の三者こそが、企業側で集めなくてはならない人材だ。

それ以外に、データサイエンティストや、エンジニア、UXデザイナー、AIビジネスデザイナーといった、開発側の人材が必要になる。開発側に必要なメンバーについては後述する。

AIプロジェクト人選のコツ

AIプロジェクトのメンバーを募る場合、人選にはコツがある。

まず前提として、経営者（CEO）が自ら人を動かしてリーダーシップをとることだ。CIO（Chief Information Officer：最高情報責任者）やCDO（Chief Digital Officer：最高デジタル責任者）に丸投げ、または情報システム部に丸投げするのではなく、経営者が発注者となってリーダーシップをとることができると、そのプロジェクトは円滑にまわりやすくなる。

現場の人をプロジェクトメンバーに選ぶと、仕事が増えて嫌がることも考えられる。そのような場合は、担当者の最優先事項であると伝達することも重要だろう。日常業務に加えてAIプロジェクトのタスクをのせるのは不可能だと思ったほうがよいので、日常業務を調整することも大事だ。

たとえば、ダイセーロジスティクスのケースで説明しよう。配車マンは毎日の配車の作業があるので、AIのプロジェクトをタスクのトップに持ってくることはできなかったが、その配車マンの窓口になる方がいて、その方はこのAIプロジェクトに仕事の半分ほどのリソースを割いてくれていた。

もちろん、そのリソースを分配してくれたのはダイセーロジスティクスの社長なのだが、この布陣を作れたところが、このプロジェクトの成功要因の大きな理由のひとつである。

注意しなければならないのは、DX推進やIT、AIに関して懐疑的な印象を持っている人もいることだ。そういう人たちは、現場のキーパーソンでないかぎりは、無理にプロジェクトチームに巻き込まなくてもよいだろう。

逆に、このようなプロジェクトに積極的に参加したいという熱意がある人がいたら、チームに招き入れたい。

たとえば先ほどの不二家の例でいうと、プレAI診断の段階では、たくさんの課題が出てきた。その中で、洋菓子の売上予測を最初に取り組むべき課題に設定したのだが、その決め手になった理由のひとつが、洋菓子事業の担当者が非常に熱心にコミットしてくれて、彼が洋菓子部門でのAI導入を熱望していたことがある。彼にはなぜ、今この課題を解決すべきなのかといった明確な課題意識があり、AI導入における現実的な期待値もあった。

不二家の場合、この担当者だけではなく、情報システム部や他の部署の方もプロジェクトにたくさん参加していた。データサイエンティストがお菓子の成分データに関する質問をしても、その場ですぐに答えられる人が参加してくれていた。非常に前向きかつ、やる気のある人たちで人選されていたことも、このプロジェクトが円滑に進んでいる要因のひとつだと感じる。

DXチームに必要な人材

では、DXプロジェクトを推進する場合、社内ではどんなチームを組めばよいだろうか。

DXプロジェクト推進チームの人材スキルとして必要なのは、以下の3点である。

①プロジェクトマネジメントスキル
②社内政治力
③AI許容度

そして、その人材の所属部署とその後のキャリア展開についても考える必要がある。
アメリカやフランスでDXがうまくいっている会社の多くは、社長直下のチームを組んでいる。このようなチームのことを**センターオブエクセレンス（COE）**と呼ぶ。部署を横断するチームである。

COEは多くの場合、外部の専門家を連れてきて、社内のソフトエンジニアやデータサイエンティストやプロダクトマネジャー、分析チームの人を動かしながら、全社的なDXを設計する。

裏を返すと、情報システム部の一部門としてスタートするようではダメだということだ。特に大企業で歴史がある会社は、まず社長直下のCOEを設けることから始めるべきだろう。

では、どんな人材がCOEメンバーに向くだろうか。

まず重要なのは、「①プロジェクトマネジメントスキル」である。このスキルには、資料作成、データ収集、コミュニケーションスキルなどが含まれる。

社内でのコミュニケーションはもちろんだが、外部ベンダーやコンサルが関与する場合は、彼らとのコミュニケーションも重要になってくる。

次に求められるのが「②社内政治力」だ。社内におけるDXプロジェクトのアピールができ、予算や人員の確保ができる必要がある。

ＤＸ事業には社内のリソースが必須だ。内部の社員から予想される抵抗や軋轢、疑問に寄り添ったり、あらかじめ対処したりしなくてはならない。

内部の協力なしに成功するＤＸはない。たとえば、社員にはこのような作業に協力してもらう必要が出てくる。

・データ収集・提供
・ラベルづけ
・ワークフローチャートの作成
・既存システムの使い方や、作業フローのデモンストレーション
・ＵＸデザイナーとのヒアリングセッション
・プロダクトやモデルに関するフィードバック
・定例会議への参加

これらを取りまとめ、社員の協力を取りつけられるコミュニケーションスキルと社内政

治力を持った人材を配置したい。

一概には言えないが、日本企業では、外から連れてきたITの経験などがある人をDXチームのトップにポンと置いて社内でのコンセンサスをとらせるよりも、内部の事情を知り尽くしていて、人脈も豊富、信頼も厚い事業部上がりのマネジャーなど（または子会社の経営陣など）をDXチームのトップにおくほうがスムーズに進むかもしれない。

アメリカではトップが入れ替わるとミドルマネジメント層もがらりと入れ替えが行われ、外からきたトップがまず自分の味方になってくれそうな部下の陣営を作ることが多いが、日本ではそこまで社員の入れ替えが頻繁に行われていないため「信頼」や「人脈」といったところが社内政治で大事になってくるからだ。

もちろん日本企業でも、組織の新陳代謝を促す意味で、外部からIT経験者をDXチームのトップに置くケースも、多くはないがある。その場合は、DXチームの上にいる社長が、社内全体に「良い意味でのショック」をつくりあげることが重要になる。

最後にあげるのは「③AI許容度」だ。必ずしもプロジェクトのスタート時点から技術的な理解が高い必要はないが、自分のいる会社や業界に、どんなAI導入の事例があり、ビジネスの現場でどういう使い方ができるのかに、興味を持って前向きに取り組める人でなければ、難しい。

COEを設けない場合は、2つのパターンが考えられる。ひとつは、社長マターでDX推進するケース。もうひとつは、事業部マターで推進するケースだ。

社長マターで進める場合は、社長が関わりながら、情報システム部、総務部や経営企画部などが中心になるだろう。

この場合、重要になるのは、事業部の協力を取りつけることができることだ。日本の企業の場合、事業部が首を縦に振ってくれないと、なにもできないという問題が出てくる。予算も総務部や経営企画部ではなく、事業部についているケースが多いので、事業部の協力なしにDX推進は困難だ。

一方、事業部マターでDX推進する場合は、大きくDX実現をしようと最初から頑張りすぎないことが大事だ。DXの前にデジタライゼーション、デジタライゼーションの前にデジタイゼーションがある。この現実的なステップを踏まなければ、DXを通しての顧客体験や新しい商品開発などのデジタル活用はできない。

そのためには、自分のいる事業部が抱える課題をまず明確にし、そこをデジタル化することから始めたい。その一歩は小さく見えるかもしれないが、デジタライゼーションまでの道のりを明確にしたうえで逆算的にデジタル化をしているのなら間違ってはいない。

そして、デジタライゼーションの取り組みは他の部署に良い影響を与え、最終的には横断的な取り組みに変革する可能性がある。

そういう意味では、事業部マターのAI導入の場合は、事業部のトップまたはそこに近い人が必ずプロジェクトに関わるべきだろう。

将来的な会社全体のDXに生かす意味でも、物事を鳥瞰で見て動かせる人が必要だ。同時に、非常に具体的な現場の課題解決となるため、現場の人間を知っていること、データの場所を知っていること、データをどのようにすれば集められるかを知っていること、などの条件を満たす人も必要になる。

私はこのような人材を個人的に「**AIシナジスト**」と呼んでいる。自分の担当事業と

AIをかけあわせてシナジー効果（相乗効果）が描ける人材だ。

GEのCEO直下DXプロジェクトはなぜ失敗したか

世界的なメーカーであるGEが40億ドルも投資をした組織「GEデジタル」をご存じだろうか。本社のあるボストンから5000キロも離れたシリコンバレー郊外にオフィスを持ち、主にIT業界から約5500人の社員を採用してつくったDX実行部隊だ。

残念ながら、このGEデジタルは2019年にGE本体と切り離され、主事業に注力することを理由にスピンオフをすることを発表した。スピンオフの発表は、GEがGEデジタルの優先順位を下げたことを意味しており「急速に組織を変化させようと試みた結果の失敗例」として知られている。[22]

GEデジタルは、プレディクス（Predix）というIoTプラットフォームを開発して商品化することを目的としていた。

GEの主要ビジネスには産業用機器などの製造販売が含まれている。そのハードウェア

22 "Digital Transformation at GE: What went wrong?"
https://store.hbr.org/product/digital-transformation-at-ge-what-went-wrong/W19499

にセンサーなどをつけてデータを収集し、解析やAIによる予測モデルなどを顧客へ提供するIoTデータのOSをつくろうというビジョンだった。

マイクロソフトがウィンドウズでパソコンのOSという（ほぼ）独占的立場を築いたように、IoTプラットフォームにおけるOSのポジションを狙えたら、2025年までに11・1兆ドルの売上増加の機会があるとの見込みもあった。

OSを作るためにはさまざまなIoTデバイスから吸い上げるデータの平準化を行い、解析レイヤーでの圧倒的シェアをとる必要があった。

しかし、GEは伝統的にハードウェアが強い会社だ。GAFAやSAP、IBMなどの大手IT企業と真っ向から勝負するため、当時のCEOだったジェフ・イメルトは、会社を根本的にデジタライゼーションする必要があった。

ここからは、このプロジェクトを時系列で追っていく。

プレディクスのゴールは「イノベーションプラットフォームのOSとして、インダストリー系インターネットのアプリ開発をするプログラマー等に必要なサービスを提供すること」だった。プレディクスの開発と外販化の成功のためには、まず組織内でのデジタルケーパビリティを強化する必要があった。

そこでGEは、2011年には社内の情報システム部と差別化を図るため元シスコの経営幹部であったビル・ルーを迎え入れ、2015年には正式な事業部としてGEデジタルが誕生した。

プレディクスの開発、クライアントごとに必要とされるカスタマイズした解析機能の追加、営業、マーケティング、法務など、プレディクスを事業化するためのすべての機能がGEデジタルに設けられた。

そのため、先に述べたように、2012年から2016年にかけての4年間に5500人ほどの人材をシリコンバレーなどのIT業界から採用したのだ。

このプロジェクトに重要なステップは、プレディクスをGEのさまざまな事業部に使ってもらいデータを収集し、AI機能を拡充し改善することだった。

しかし、蓋を開けてみれば、社内からの抵抗、営業部隊の再研修、ハードウェアのみを使うことに慣れていた顧客のIoTプラットフォームに対する期待値の低さ、といった悪条件がそろっていた。特に、社内からの抵抗は大きな問題だった。

ＧＥではそれぞれの事業部が情報システム部門を持っており、それぞれのビジネスを維持するためのレガシーシステムと、それに関与するベンダーとの長い関係性があった。しかも、レガシーシステムには十分な機能があったため、プレディクスに移行する理由が見当たらなかったのだ。だからプレディクスに不十分な機能しかないと判明したときは、中間管理職がこぞって抵抗を示した。

それに対してＧＥデジタルの社員は外からきたＩＴ畑の人が多く、ＧＥ社内における人脈や社内政治力が欠如していた。それゆえに事業部にいる古株の社員を説得する力がなかった。

ＧＥデジタルが失敗したのは社内の軋轢があったことだけが理由ではないだろう。しかし、外から連れてきたＩＴチームが事業部を深く理解し、共通言語を使い、すり合わせをしながらＤＸを行うことがいかに大変かをご理解いただけたのではないだろうか。

フランスのエネルギカンパニー
——エンジー社の事例

ここで、社内に強いＣＯＥチームをつくることの有効性を知ることができる事例をご紹介したい。フランスの大手エネルギー会社、エンジーの事例だ。

エンジーは、従業員15万人、70カ国で事業展開する企業だ。2018年の収益は600億ユーロ。

この会社は、2016年から2019年の間、COEチームに毎年15億ユーロをDXの予算に与えたという。会社にとって重要なDX推進プロジェクトを4～5個にしぼりこんで、それぞれの課題解決に対するアプリケーションを28個つくり、100人以上の社員をAIトレーナーとして再教育したといわれている。

具体的には、資産のメンテナンス期間を予測してガス発電を最適化したり、カスタマーサービスをオンライン化したりするようなプロジェクトである。また、スマートシティの実現を見越した、地域ごとの効率的な冷暖房の計測、交通管制や廃棄物管理、セキュリティなどのプロジェクトも進んでいる。

先ほどのGEのケースと違うのは、

①COEチームを社内から構築していったこと

②社員のAIリテラシーを高めるための教育を行うことで心理的抵抗を減らしたこと
③事業部が抱える具体的な課題解決のためのアプリケーションという形で動いたこと

などがあげられる。そしてこれらが、エンジーのDX化成功の秘訣だったろう。

また、ユースケースに合わせてDXを推進していること、しかもCOEでチーム編成し予算を配分したことが、成功のポイントだろう。


日本のDXプロジェクトが頓挫したり、期待した成果をあげられない背景には、人材配置と予算の問題がからんでいることが多い。

先に話したように、経営企画部で予算が200万円しかないとなると、200万円で何ができるかという話になって、短期的な考え方になってしまう。予算内で考えると、間に合わせのツール導入で終了となるケースもよくある。また、情報を集めて見積もりをとることだけが仕事になってしまっていることも多い。

外部協力会社の情報収集は、DXの全体像の1割にもみたないくらいと考え、実際にユースケースを絞ってプロジェクトを動かすところまで進めないと、DXの意味がない。

そのためには、社内の事業部のオペレーションと既存システムを深く理解すること、歩み寄ること、共感することなどが大事なのではないか。

エンジーのように、社長直下の組織をつくり、全社プロジェクトとして予算を立ててDX推進する企業の先例は、日本の、とくに大企業には参考になるだろう。

COEメンバーのキャリア展開

経営者目線で考えると、COEのメンバーに、その後どんなキャリアを歩んでほしいのか、またはAI人材になりたい社員に、どのようなキャリアパスが提供できるかを考えておくことも重要だ。

これは拙著『〝経験ゼロ〟から始めるAI時代の新キャリアデザイン』（KADOKAWA、2021）で詳しく書いていることだが、経験値ゼロでも、技術者ではなくても、AI人材になりたいと思っている優秀な社員はたくさんいる。

必ずしもデータサイエンティストやAIビジネスデザイナーになるだけがAI人材への

道のりではなく、先ほど紹介したような社内でＡＩ活用を推進する立場になりキャリアアップする「ＡＩシナジスト」もＡＩ人材であろう。

このような人材を経営者は早い段階で見抜き、ジョブディスクリプションを柔軟に変更しＡＩ導入をフルタイムでやらせるというのも手である。

ＡＩプロジェクトの結果、社内でデジタライゼーション、デジタライゼーションからのＤＸ実現に貢献できる人材になる可能性がある。キャリアパスとしては異なる事業部でのＡＩ展開やＤＸ推進室での役割などが提供できるだろう。

社内にデータサイエンティストがいない場合

社内にデータサイエンティストがいない場合は、早い段階からＡＩ会社に協力を得るとよいだろう。

その場合、カタログ販売的にＡＩモデルを販売し、このモデルを使ってくださいと、会社のニーズに無理やり当てはめようとする会社も多くあると聞く。

たとえば、ＡＩモデルの使用料やライセンス料をＡＰＩのコール数に応じて要求してくるような場合は、本当にそれが長期的に見て正しい選択か考える必要がある。

会社が成長するにつれデータのボリュームもスコープも広がり、APIコール数も一気に増えてしまった場合、毎月の使用料が数十万円から数百万円に飛び上がる可能性も考えられる。

データを蓄積し、AIの出力値を示唆にするノウハウを持ち、社内でAI人材を育成するといった、会社の資産になるAI開発をしないと、その事業が「投資」ではなく、単なる「コスト」になってしまうこともありえる。

もちろんこれは、ケースバイケースだ。先に話したようなクッキーカッター型の単純なソフトウェアの導入やチャットボットの導入などは、なるべく安価に終わらせて、とりあえずどんなものか使ってみる手もあるだろう。

また局所的なプロセスの自動化だけをしたい、それによる人員削減をしたい、などの意図がある場合はライセンスモデルでツールとして使い続けるのもよいアイデアだろう。

短期間ある目的のために予測モデルを使いたい、というような場合もよいだろう。

システム会社に発注すること自体は何も悪くない。販売管理システムとか顧客管理システムとか在庫管理システムといったシステムを作る会社はたくさんあって、それはそれで重要である。

そして、ＡＩモデルをそのような既存システムに統合する作業が発生することが多いため、システム会社とＡＩ会社が協業することは珍しくない。実際に、パロアルトインサイトでもクライアントのレガシーシステムを開発したシステム会社と連携してプロジェクトを行うこともある。システムについてはそれをつくったシステム会社が最も精通しているし、ＡＩについてはＡＩを開発したパロアルトインサイトのデータサイエンティストが熟知しているため、自然と協業となるケースが多い。

資産となるＡＩ導入の進め方

しかし、いわゆるこの本で話している「ＤＸの一環としてのＡＩ導入」を考えると、やはり自分たちの資産になるようなＡＩを開発してくれる会社と早い段階から付き合うことが重要だ。

ＡＩ導入は、システム会社に発注して、仕様書通りに納品してもらい、研修をしてもらうといった考え方とは、根本的に違うからだ。仕様書に基づいて要件定義をして、労働集約型モデルで動かして皆さんに人月で計算して請求をするようなやり方では開発できない。小単位で実装とテストをくり返して機敏に対応する形でソフトウェアを開発するアジャイル開発が前提になるので、基本仕様書などというものはないし、作れないのである。

われわれの場合は、この仕様書に代わるものとしてＡＩ診断を行っているのだが、この**「ＡＩ導入は仕様書を作れるタイプのプロジェクトではない」**という発想の切り替えは最も重要だ。

たとえば、われわれが企業と協業するときは、経営者とともに経営課題を棚卸しし、ＦＯＭＥ診断や事前のＡＩ診断をしたうえで、何にフォーカスをしてＡＩ導入するかを検討する。具体的には、次のようなプロセスを踏む。

①サンプルデータをチェックする
②データが存在するか、使える状態かを確認する

③解決したい課題は何かを確認する
④課題解決のために最適なＡＩ技術は何かを提案する

このプロセスがなければ、そもそもＡＩ導入ができないことは先にお伝えしたとおりだ。

よく「見積もりを出してください」と言われることがあるが、見積もりを出すためには、データを見なくてはならないし、現場を見なくてはならない。

どれくらい使えるデータがそろっているのか、モデルを作ったあとにどのように定着させるのか。その予想が立てられないと、見積もりは出せないからだ。逆にいうと、すぐに見積もりを出せる会社は、何を見ているのかいつも不思議に感じる。

ＡＩのプロフェッショナルカンパニーは、共同パートナーとしてミーティングに参加する。また、われわれは、データのラベルづけなども、あえてクライアント企業の人たちにやってもらう。それは、現場の人やマネジメントの人が、ＡＩの現実的な期待値を持つためにも必要な作業だと思っている。

図26　AI診断→AI開発という道筋が必要な理由

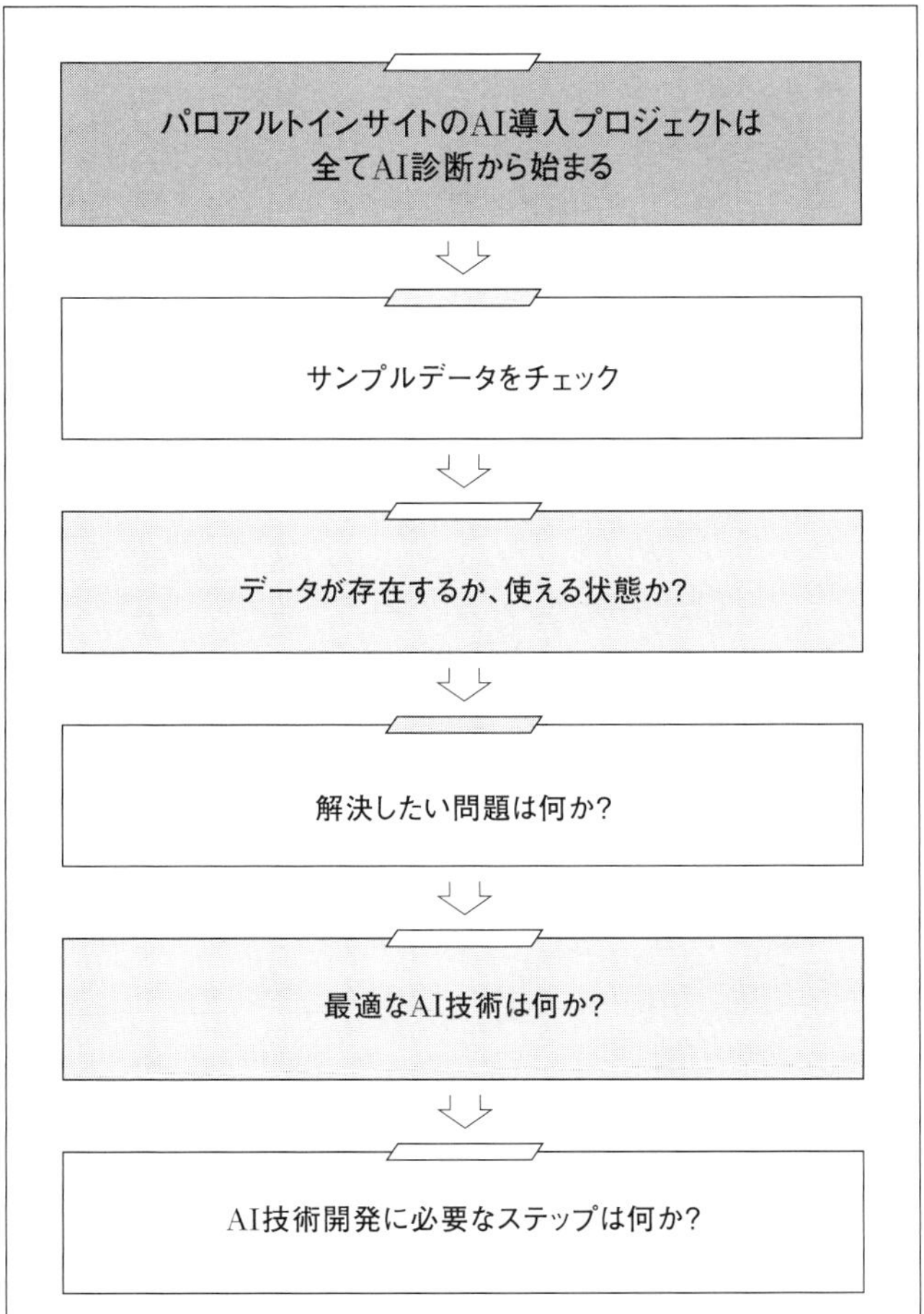
パロアルトインサイトのAI導入プロジェクトは
全てAI診断から始まる
サンプルデータをチェック
データが存在するか、使える状態か?
解決したい問題は何か?
最適なAI技術は何か?
AI技術開発に必要なステップは何か?

パロアルトインサイト作成

くり返しになるが、**ＡＩ導入の８割が、データの収集やデータのクレンジングである。**プロジェクトが進行したとき、現場の人がＡＩトレーナーとして教師データを作成できるようになることも重要なミッションなのである。

これは余談になるが、現場の人たちがＡＩに対してなんとなく恐怖心を持っているという場合にも、ＡＩトレーナーの育成は役に立つ。

日本では「ＡＩは人間を超えるか」といった議論が今でもされているが、私たちは「ＡＩが人間を超えるはずはない」と当たり前のように思っている。

というのも、実際の現場でＡＩのトレーニングに携われば、人間がひとつひとつ地道な作業をくり返してトレーニングしているものがＡＩモデルであると理解できるからだ。

人間が指示を出さない限り、いいＡＩは開発できない。これを現場の人が知っていると、「人間の仕事はすべてＡＩに置きかわる」のような漠然とした不安感も払拭されていくだろう。

第 5 章

成功するＤＸのあるべき姿

2〜4章では、①FOMOの壁（課題把握能力が低く、実行できない状態）、②POCの壁（課題把握能力は高いが、実行力が低いが、実行力はある状態）、③イントレプレナーの壁（課題把握能力は高いが、実行力が足りない状態）という3つの壁を乗り越えるための対処法をお伝えしてきた。

本章では、これらの壁を超えた成功するDXのあるべき姿についても、お話ししたい。

ここまで紹介してきた、ダイセーロジスティクス、ベストパーツ、ホリプロ、不二家などの事例は、非常にリーダーシップのあるCEOに導かれたDXのあるべき姿といえる。

ネットフリックスはいかにしてDVD郵送ビジネスから動画ストリーミングに移行したのか

私がアメリカの企業でDXの成功者として誰か経営者の名前を挙げろと言われたら、まずネットフリックスの創業者兼CEOのリード・ヘイスティングスを挙げるだろう。[23]

ネットフリックスは先にも書いたように、1998年にDVD郵送ビジネスを開始した。当時はブロックバスターのようなレンタルビデオショップが主流であったが、リードは自分自身がビデオを遅延して返却した際に40ドルの遅延料を払わされ、「自分はなんと愚かだったのか」と思ったという。そして同時に、次のことに気がついた。

23 https://www.penguinrandomhouse.com/books/606529/no-rules-rules-by-reed-hastings-and-erin-meyer/

「遅延料により儲かるというビジネスモデルは、本質的に消費者が『期限以内に返却できなかった自分は愚かだった』と思う仕組みによってできている。しかしそれでは消費者のロイヤルティは生まれない」

そしてレンタル遅延料を一切排除し、毎月定額（15ドル）でレンタルDVDを郵送してくれるサービスを思いついたのがはじまりだ。

ネットフリックスはその後、2007年にはDVD郵送と動画ストリーミングを合わせて毎月定額10ドルというサービスを打ち出した。時代はブロードバンドになり、アイフォンも発売され、AWSなどのクラウドインフラが急成長してきており、市場環境の観点から考えても、また自社のビジネスを見ていても、過去の数字から消費者はどんどんストリーミングに移行していき、DVDのレンタルは廃れていくだろうということはわかっていた。

そこで、DVD郵送という古いオペレーションに邪魔をされることなく、ストリーミングにフォーカスできる体制をつくるため、旧来のDVD郵送事業のみを扱うクイックスター（Qwikster）という新会社を設立した。クイックスター社ではDVDレンタルのサブスクリプション料は毎月8ドルにしたため、DVDも動画ストリーミングも楽しみたい消費者は、そのぶん余分に支払わなければいけなくなる。この時点で動画ストリーミングの料金は月8ドルに設定しなおしたものの、合計で毎月16ドルとなると高すぎる。消費者は、二つの異なるウェブサイトのログインなどにも嫌気がさし、80万人以上のユーザーが解約してしまい、株価も2分の1になった。[24]

この失敗をリードは「私のキャリアで一番辛かった時期」と表現し、周りの意見を聞かなかった経営方針に原因があると見極めた。二度と同じ間違いは繰り返さないと決め、その後ネットフリックスの企業文化が180度変わったのだ。

具体的には、以下のようなプロセスを導入し、動画ストリーミング事業に注力し社内の新規事業を育てるために必要な土壌をつくった。それは、以下の4つに集約される。

① 反対意見を育てる

ネットフリックスでは、社内で提案を通すときはメモを作成し、数十人の社員に共有してマイナス10からプラス10の範囲で点数をつけてもらい、賛成意見と反対意見を集める。投票するわけでも平均値を出すわけでもなく、幅広い意見を優秀な社員から集めて、さまざまな可能性を検討したうえで意思決定を行うのが目的だ。

24 https://www.wired.com/story/why-are-2-million-people-still-getting-netflix-dvds-by-mail/

図27　リード・ヘイスティングスの提案に対するマネジャーによる評点とコメント

アレックス	-4	2つの変更を同時に実施するのは良くない
ダイアナ	8	重要な販促会議の直前で、タイミングは完璧
ジャマル	-1	段階的会費の導入は正しい選択。ただし今年この価格に設定するのは不適切

出典:『NO RULES 世界一「自由」な会社、NETFLIX』(日本経済新聞出版、2020)

たとえば図27は、リードがリーダー会議の前に、ネットフリックスの会費を1ドル値上げすると同時に、会費を数段階に分ける新システムの提案をメモとして共有した際に、複数のマネジャーから寄せられた評点とコメントだ。

②大きいアイデアは必ずテストから始める

2015年の時点でネットフリックスはデバイスへのコンテンツダウンロード機能を提供していなかった（競合のアマゾンプレミアムやユーチューブでは一部の国でダウンロード機能を提供していた）。

飛行機などWi-Fi環境が整っていないところでユーザーがあらかじめ動画をダウ

ンロードして見られる機能だが、プロダクト担当者のトップは「今後ネットワークがより早くなり、ユビキタスになるのでストリーミング以外必要ない」と考えていた。リードも「1%くらいのユーザーしかダウンロードなどはしていないだろう」と推測していた。

しかし、社員の一人であったザックは自分の仮説を検証するために、ドイツ、インド、米国でアンケート調査を行った。結果は、なんとアメリカの20%のアマゾンプライムユーザーがダウンロード機能を使っており、インドに至ってはなんと70%ものユーチューブ利用者がダウンロード機能を使っていた。結果として、ネットフリックスもダウンロード機能を導入することになったのだ。

③ 全社員がそれぞれの範疇で意思決定ができるようにする

これはネットフリックスの企業文化でとても有名なものだが、決裁権を持っているのは部長レベルだけではない。一般の社員も決裁権や契約書にサインをする権限が認められており、すべての社員がオーナーシップをもってキャプテンとして動いている。

ＣＥＯであるリードの合意を得られなければ物事を進められないようでは、スピードが大事なイノベーティブなプロダクトローンチなどでは命取りになるためだ。

④うまくいったら祝う。失敗したら光を当てる

③につながることでもあるが、ネットフリックスでは上司の意見と合わなくても社員がいろいろなことに決裁権や予算を持ち、プロジェクトを動かすことができる。

プロジェクトが成功したときに上司がやらなければいけないことは、会社全体に向けて「上司の反対意見があったがプロジェクトを推進して成功した。上司である私が間違っていた」ということをアナウンスすることらしい。これにより、上司の賛同を得ていなくても問題がないということを社員に理解させることができる。

もし上司の賛同がない中で失敗した場合、「やっぱり上司には逆らわないほうがいい」という感覚を会社に植えつけないためにも絶対に減点などをしてはいけない。代わりに、失敗をした本人になぜ失敗したのかについて具体的に分析したメモを公開させるようにする。

社員は常に失敗した他プロジェクトの分析メモを目にするようになり、自分自身も積極的にリスクをとって新しいプロジェクトを始められるようになる。失敗が当たり前になるような文化をつくらないかぎり、イノベーティブな文化などつくれない、とリードは言っ

ている。

また、他の社員が失敗分析メモから学習して同じような失敗をしない形でプロジェクトを進めることもできるので一石二鳥である。

ストリーミングに注力することを決めたのはリード本人だけではなく、このような社内全体で透明性が高い形で賛成意見や反対意見をぶつけられる文化があったことが大きな要因なのではないか。

すでにハイブリッドモデル（DVD郵送とストリーミングの両方を提供するモデル）を実施していたときから、ユーザーの反応を見ていてストリーミングが主流になることはわかっていた。レガシー事業であるDVD郵送ビジネスの社員がカニバライゼーションを起こすことを危惧して反発をした経緯も想像できるが、第4章で紹介したGEデジタルの失敗例と比べると、古株社員の反発がそれほど大きくなかったのではないかと考えられる。

実際に、驚くかもしれないがDVD郵送ビジネスはいまだに健在であり、2020年の時点で200万人のユーザーがDVD郵送サービスを使い、2019年で会社全体に2億ドルの売上をもたらしている（ストリーミング事業が200億ドルの売上なのと比べるといかに小さいかおわかりだろう)。リードは2019年に公式発表の場で「今後5年間はDVD郵送ビジネスは維持されるだろう」と述べている。[25]

成功するDXとはこのように、必ずしもレガシービジネスを壊すことと同義語にはならない。

レガシーとイノベーションが共存できるビジネスモデルやサービスモデルを構築し、ユーザーにとって二つの異なるログインページなどを強いることなくシームレスな顧客体験を提供するために必要なデータの統合やインフラの見直し、そして、それを実行する社員が納得できるような社内制度や文化の形成、その形成に必要な人事プロセスの変革が必要となってくることがおわかりいただけたと思う。その変革が起こせるのはトップに立つ経営者なのだ。

経営者や担当者が知っておくべきことと、知らなくてもいいこと

AI導入やDX推進にあたっては、経営者や担当者が知っておくべきことと、知らなく

25 https://www.wired.com/story/why-are-2-million-people-still-getting-netflix-dvds-by-mail/

てもよいことがある。

知っておくべきことは、何をおいてもまず、**現実的な期待値**である。これは、ＡＩリテラシーともいえるだろう。

マッキンゼーの調査によると、アメリカでも取締役の20％以下しかＡＩリテラシーがないという調査報告を出している。取締役は、経営層のさらに上のメンバーであるから、組織の上に行けば行くほどＡＩリテラシーが低いというのだ。

逆にいうと、**情報システム部や経営企画部のような部署に丸投げするのではなく、経営層がフルコミットできる企業は、アフターコロナのＤＸの時代に勝ち残れる企業といえるだろう。**

また、経営者としてＡＩモデルの技術的詳細を知っていると、技術チームと議論する際に円滑に進む利点はあるだろう。もちろん、回帰モデルが何を指すかとか、ニューラルネットワークが何を指すのかなどを技術的に理解することも大事だが、時間が限られている場合、それらを使ったときの、ビジネスとしての可能性や汎用性を理解するほうがより重要だ。すなわち、事例などから学びを得て、それを転換して自分の事業に落とし込む力である。

もうひとつ。これはくり返しになるが、経営者や担当者に必要な能力に、チーム選定能力がある。内部の人間から予想される抵抗や軋轢、疑問に寄り添うことや、それらにあらかじめ対処する姿勢が重要なのだ。

そのためにも、経営者自らDXの必要性を強い意志を持って語れることが重要になってくる。

ルーンショットという考え方がある。

ルーンショットとは、物理学者であり起業家のサフィ・バーコールの造語で、「誰からも相手にされず、クレイジーと思われるが、実は世の中を変えるような画期的アイデアやプロジェクト」を指す。

たとえば、フェイスブックが生まれたとき、多くの投資家が同じようなSNSがたくさんあること、脆弱性の高いビジネスモデルを問題視して投資をパスした。つまり、ルーンショットだと思われたわけである。

しかし、アメリカの有名な投資家でペイパル（Paypal）を創業したピーター・ティールは、競合のフレンドスターのことを調べあげ、バグが多いことなどがユーザーが離れる理由であり、ビジネスモデルやSNSというサービス自体に問題があるわけではないと理解して、フェイスブックに50万ドルを投資。その8年後には、1億ドル以上のリターンになったといわれている。

経営者に必要なAIリテラシーとは、こういった目を養うことでもある。

コロナの影響で進むデジタライゼーション

ここで、コロナ後のビジネストレンドについて話をしたい。この時代性を考えると、企業が今後生き残っていくために、いかに社内のDXが不可避かがわかるからだ。

まずは、コロナにおける、業界ごとの影響を確認しよう。

ほとんどの業界がコロナによって打撃を受けているのだが、特に、旅行、交通などの移動に関わる業種、ジムやコンサートなどのリアルな場を必要とする業種、またアパレルなどの小売業界は、去年に比べ半分近く減益している。

たとえば、エアビーアンドビーは、社員の25%にあたる1900人を解雇してニュースになったし、ウーバーは3700人の従業員を解雇した2週間のちに、さらに3000人の従業員を解雇した。これは、全スタッフの約4分の1にあたる。

一方で、家にいる時間が増えたので、家での家具組み立てや、キッチンのリモデルなどは、現在よく伸びている。また、オンラインでの食材購入やデリバリーは急成長している。[26]

そのような時流の中でも、いわゆるGAFAやビッグテックといわれるデジタルネイティブカンパニーは、非常に業績が伸びている。

とくにアマゾンの増収は大きく、今季の利益を全従業員の安全面を維持するための政策に充てると発表し、2020年11月現在、過去10ヶ月で42万人以上を追加雇用した。このため、アマゾンの全世界の雇用人数は120万人を超えたという。

フェイスブックは売上がアナリストの予想を上回り、株価が10%アップ。1カ月のフェイスブック関連のアプリユーザー数が30億人と、世界人口の約3分の1を超えた。

アップルは店舗を封鎖して売上が下がったものの、アップルニュースやテレビなどが17%伸び、昨年の同時期と比べて売上アップ。

マイクロソフトも売上が15%アップ。とくにクラウド事業の伸びが大きく、去年から59%増と急成長した。

26 https://www.nytimes.com/interactive/2020/04/11/business/economy/coronavirus-us-economy-spending.html

図28　コロナの影響で進むデジタライゼーション

旅行、移動、アパレルは
前年に比べ半分近くの減益。
オンラインでの食材購入とゲーム、
デリバリーが急成長

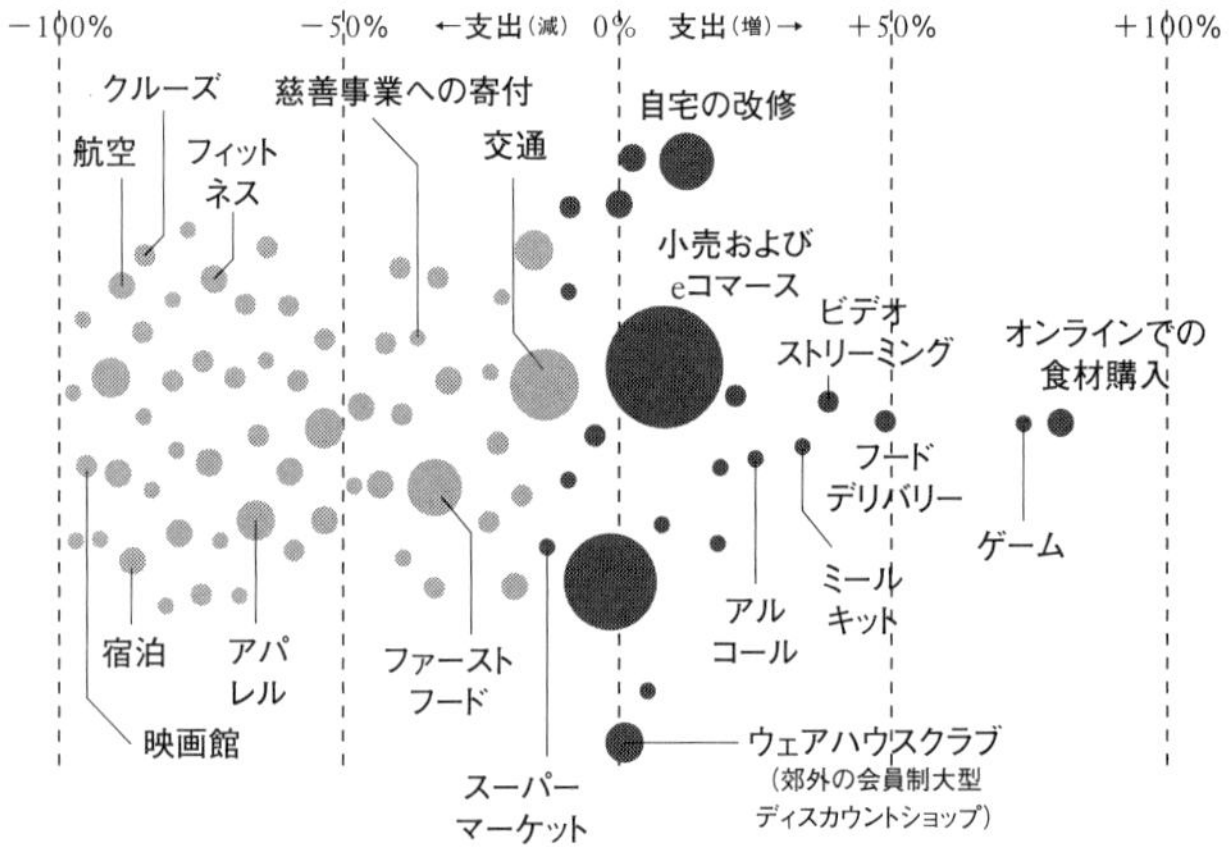

2019年から2020年4月1日までの支出の変化。
円の大きさは事業規模を表す

出典:https://www.nytimes.com/interactive/2020/04/11/business/economy/coronavirus-us-economy-spending.html

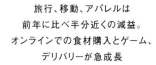

なぜビッグテックはパンデミックに強いのか

なぜこのようなビッグテック企業はパンデミックでも強いのか。大きく分けて、3つの理由が考えられる。

ひとつは、デジタルインフラが世界的に浸透していることがあげられる。

こういったビッグテックは、クラウド事業やプロジェクト管理ツール、Eメール、サーチエンジンといったデジタルインフラを提供している。このようなサービスは、コロナ経済の中でも切られにくいし、切ってしまったら事業が成り立たない、または非常に非効率的になる、という事態に陥るため物理的なパンデミックの影響を受けにくい。それが強みとなっている。

実際にグーグルのサービスが一時ダウンしただけでニュースになるのは、いかに私たち消費者がグーグルに依存しているか、インフラになっているかを証明しているだろう。

次にあげられるのは、多様化した収益源だ。

たとえばアップルは、ハードウェア製造だけではなく、ソフトウェアによる収入も大きい。ここ数年はストリーミングサービスなどにも注力してきたので、業界を問わず、横断的にカバーするプラットフォームができている。ハードウェア製造の場合はサプライチェーンの複雑化の中でグローバルな地政学的リスクも考えなければいけないが、ソフトウェアの場合はそのリスクが少ない。また、サービス事業を充実させることでサブスクリプション収入が入るため、安定した収益源が構築できることも特徴だ。

グーグルやフェイスブックは広告主が非常にバラエティに富んでいることが強みだ。フェイスブックはコンテンツのモデレーションに関するスキャンダルがあったこともあり、消費財メーカーや小売業が広告をボイコットしているが、広告売上自体はあまり打撃を受けていない。というのも、コロナ経済で伸びているゲームの会社や、オンライン教育の会社などが逆にどんどん広告をうっているからだ。

グーグルやフェイスブックは今や、中小企業や街の小さな会社が依存している広告プラットフォームとなっている。この多様化した収益源が経済の変化にも強いところだろう。

最後にあげられるのは、DXに適したビジネスモデルとそれを可能にするオペレーションが実装されていることである。コロナ禍でも、たとえばユーザーの行動や需要が変化することを瞬時に検知することができる基盤が社内に整っていれば、軌道修正をすることも、仮説をテストしてよりよい意思決定をすることもできる。具体的に説明しよう。

ビジネスモデルがDXの命運を握っている

先日、知人の経営者から相談を受けた。彼は製造業関連の会社（A社とする）のCEOをしている。DXを推進したいという思いや、周りに取り残されたくないプレッシャーはあるが、その一歩が踏み出せていない。彼の話を聞いていたら驚くことがあった。

それは、その会社の売上の9割が一社（B社とする）に依存しており、いわゆる下請け企業としてオペレーションされていたのである。下請け構造自体は別に珍しくないが、蓋を開けてみると、A社のオペレーションに必要な機材や道具などもB社が提供しており、製造計画や在庫管理などもB社が指揮をとって、A社は実行部隊として動いているという内容であった。

これがDXにおいてどういう意味を持つかわかるだろうか。A社がDXを実現させたいのであれば、B社に依存するビジネスモデル自体からの脱却を少しずつしないといけないということである。なぜならば、現状では機材に関するデータも計画に要するデータも全て発注元であるB社が保有している。A社はデータを持っていないどころか、たとえいろいろなIoTデバイス等を導入してデータを収集し、AIモデルなどを実装したとしてもそのとおりにオペレーションを変えられる保証がないのだ。

また、この会社の場合、自分たちで大きなリスクやコストをかかえているわけではなく、毎日の工場の稼働数などに応じて発注元から対価が支払われるフィックス型のビジネスモデルだった。そのため、省人化や効率化、最適化などを実現したいというモチベーションが働いていない。これではデータ活用の意味もないだろう。

このようなビジネスモデルの場合、営業チームやオペレーションチームのマインドセット自体も根本から変えないといけない。データ活用をしてイノベーティブなことをしたい、生き残りを図りたいという経営者のビジョンがどこまで伝わるか。

冒頭で述べた、デジタイゼーションからデジタライゼーション、そしてDXというプロセスを経るための近道はない。デジタル化できるところから始めるしかないのだが、このようなビジネスモデルの場合、たとえばRPAを導入するなどをしたとしても、大きな変革にはつながらないのではないか。

DXを実現させたいのであれば、それを可能にするためのビジネスモデルを持つ必要がある。そのビジネスモデルがないのであれば、ネットフリックスがそうしたように、徐々にハイブリッドモデルを導入することをお勧めする。

私は100社以上の会社にAI導入やDXに関するアドバイスをしてきた経験から、DX型ビジネスモデルの必要条件は、以下の3つであると考える。

①円密度が高いデータを高頻度で取得できるか、自社で円密度が高いデータを保有している
②予測モデルや最適化モデルなどの算出値をすぐに現場に反映して検証することができる
③②で検証した結果、AIドリブンな意思決定をすることで収益アップまたはコスト削減につながる

先ほどのA社の例でいうと、まず売上に関するデータ（納品関連情報）は発注元が一社とはいえどもファックスで保有していたのでOKだろう（①）。

しかし、たとえば過去のデータから学習させ来月の出荷予測を行うモデルを設計したとしても、そのモデルの予測値（出荷予測量）に基づいて現場の人間を変えることが難しい（②）。すべて、発注元であるB社の許可を得なければいけないからだ。そして、たとえ予測値に基づき製造をすることで無駄をなくし、または機会損失をなくしたとしても、大きなコスト削減などにつながらないし、毎月ほぼフィックスで支払われるビジネスモデルのため売上増加にも大きくつながらない（③）。そもそも一生懸命生産しなくてもある程度フィックスなのであれば誰も多めに生産したくないだろう。

逆に、ネットフリックスの動画ストリーミング事業に関していえば、ユーザーがどんなビデオを見ているか、どのデバイスで見ているか、再生ボタンや一時停止ボタンをいつ押したか、何回リピートしたかなどのすさまじい種類の円密度が高いデータを、すべて高頻度で取得している（①）。また、常にＡＢテストを行っており、たとえばある映画の主演女優か主演男優かどちらをサムネイル画像に持ってきたほうが再生率が高いかなどをいつもテストしている（②）。そして、そのようなさまざまなＡＩモデルを使って映画のレコメンドをパーソナライズすることで、ユーザーのロイヤルティが上がり、売上増加につながるというわけだ（③）。

デジタルネイティブカンパニーでなくても上記3つの条件を満たしている会社はたくさんある。第3章で紹介したダイセーロジスティックスやホリプロなどはITカンパニーではないが、たとえばホリプロに関しては、タレントの好感度データを保有することは円密度の高さを意味するし、そこから得られた示唆でタレントマネジメントなどの方針を変えることができる俊敏さを組織として持っている。結果的に売上増加につながることも想定されるため、①〜③を満たしているのだ。

また、第4章で紹介したフランスのエネルギーカンパニー、エンジーもデジタルネイティブカンパニーではなかった。しかしCOEをつくることで、社内から知見を集め、社員のAIリテラシーを高める教育をして課題解決型のプロジェクトを実行することでDXを成功させた。

DXは、デジタルネイティブ会社だけのものではない。ちょっとした発想の転換で、会社の将来性は大きく変わることを、これらの事例は教えてくれる。

ハードとソフトを融合させコネクティッドフィットネスを実現――ペロトンの事例

デジタルネイティブな会社や、DXが成功した会社と聞くとソフトウェアを開発するIT企業を思い浮かべる人も多いだろう。しかし、ハードウェアであるエクササイズバイクを製造開発し、DXを実現させている会社がある。エクササイズバイクの授業をストリーミングで受けられるペロトン（Peloton）だ。

この会社が販売しているのは2500ドルほどのエクササイズバイクだが、単なるバイクではない。ヨガマットにおさまるサイズのバイクには、大きなスクリーンがついていて、何千種類のストリーミングコンテンツがオンデマンドで見られるようになっている。さらに、複数のセンサーがついていて、車輪の負荷や心拍数などを計測できるだけではなく、現在自分がアクセスしている授業の中での順位もリアルタイムでわかるようになっている。

自分の家にいながらにして、あたかもサイクリングクラスにいるような感覚で安全に運動できることが人気を呼び、現在、ユーザー数を着実に伸ばしている。2020年5月には新規登録者が100万人を超えた。離脱率は5％以下だという。

私自身もペロトンを利用している。サブスクリプションで月額39ドルの費用を払い続けなければいけないのはネックだが、インストラクターの授業がいつでもオンデマンド、またはリアルタイムで受講できるところが気に入っている。

ペロトンのクラスは、ヨガ、ストレッチ、ランニング、トレッドミル、ウエイトリフト、瞑想……など、バラエティに富んだ内容で、いろんなニーズを抱えるユーザーを魅了している。体調がよくない日は、激しいサイクリングではなく、ヨガをチョイスしようといったニーズに応えることができる。

人気インストラクターは、コミュニティの中で非常に有名だ。中でも経営陣の一人でもあるロビン・アーゾンはインスタグラムのフォロワー数も59万人、フォーブスのアンダー40に選ばれたほどだ。

このペロトンのモデルを先ほどの〝DXに適したビジネスモデル〟の観点から考えてみよう。

①円密度が高いデータを集めるために必要なビジネスモデルかどうか？

→答えはイエスである。このビジネスモデルは、バイクを売ったきりユーザーを放置するわけではない。毎月のサブスクリプションを通して、ユーザーは月に20回ほどペロトンにログインをしてワークアウトをする。

このアプリ使用に関するデータは非常に円密度が高い。たとえば、ユーザーがどんなクラスを取っているのか、どんなインストラクターのクラスを好んでいるのか、どんな検索をしているのか、ワークアウトの成績やパーソナルレコード（自己最高点）のデータもすべて取っている。

それが次のエクササイズプログラム開発やインストラクター養成、ユーザーの満足度とエンゲージメントの向上に寄与し、離脱率が5％以下という数字につながっていくのだ。

②予測モデルや最適化モデルなどの算出値をすぐに現場に反映して検証することができる

→これも、答えはイエスである。

ペロトンがどれくらいＡＩネイティブかは公表されていないが、リアルタイムでユーザーの車輪を動かす速度や負荷の情報が可視化できるほどなので、データの収集や頻度に関しては問題ないだろう。

また、Ｗｉ－Ｆｉ環境を通じてつながっているコネクティッドフィットネスであるため、ソフトウェアアップデートも、アイフォンのiOSアップデートが自動的に行われるように、夜間使用していない間に定期的に行われる。

このアップデートを通してAIの予測値やレコメンドが生かされた機能が、常にユーザーに画面を通して届けられるようになる。単なるバイクとの違いはここにある。ユーザーの利用状況のデータを集めながらソフトウェアアップデートをくり返し、それをユーザーに届けて検証できるPDCAサイクルが搭載されたプロダクトなのだ。

このビジネスモデルは、ハードとソフトが同じくらいの強さを持つ、テスラやアップルに似ているかもしれない。


ちなみにペロトンでは、2020年4月にコロナウイルスの影響でNYのスタジオが閉鎖されてしまってから、しばらく新しいクラスが提供されなくなった。

ユーザーは最初、過去のアーカイブクラスを取っていたが、毎月39ドルのサブスクリプションモデルを続けるためには、やはりリアルタイムで新鮮なコンテンツを届ける必要があっただろう。

そこでペロトンは、トレーナーが自宅からライブ配信でクラスを教える形式に切り替えた。4月末にはローンチに成功し、ユーザーは再び新しいクラスを受講できるようになった。このような変更も、もともとのデジタル基盤の汎用性があってこそ実現できたといえる。

実はこれは、言うほど簡単なことではない。全世界から一斉にユーザーがアクセスしてもパンクせず、タイムラグがなくレースの順位が表示できるようにするためには、最初からこのスケールを想定した開発を行っていなければならないからだ。

さらに、このクラスの映像は、終了後にコンテンツとしてオンデマンド配信されるので、コンテンツが増えれば増えるほど、プラットフォームとしての強みが強化されていく。

③②で検証した結果、AIドリブンな意思決定をすることで収益アップまたはコスト削減につながる

→これに関してももちろんイエスである。

ユーザーが満足すればするほど離脱率は減る。私自身、アップルフィットネスプラスが登場したときに、一度ペロトンの解約を考えたことがある。しかし、ペロトンバイクに乗りながらアップルフィットネスプラスのバイクの授業を受けてみたが、やはり不便さを感じた。

アプリのみを提供している会社は、今後レッドオーシャンになるオンラインフィットネスコンテンツビジネスにおいて競争をしいられる。しかし、ソフトであるアプリと、ハードであるバイクを両方持つペロトンは、ユーザーの離脱を最小限に食い止めることができるのだ。

また、ペロトンは、APIの拡張によって外部のアプリとのスムーズな連携が可能になっているので、さまざまな学習がフィードバックされている。

たとえば、脈拍の計測をするので健康アプリとも連携できる。SNSとの連携はもちろん、音楽の好みなどのデータも収集することができるだろう。

こうなると今後はフィットネスだけではなく、健康ビジネスや音楽ビジネス、保険や医療ビジネスにも展開できる可能性がある。ユーザー同士のデートアプリビジネスなども可能かもしれない。第3章で紹介したFOME診断でいうところの応用性（Opportunity）のバリエーションが多数ある、非常に強いモデルといえるだろう。

もっとも、ペロトンも問題がないわけではない。
最近は、コロナによる急激な需要増加に伴い在庫切れになり、商品が到着するまで5〜6ヶ月待ちであることの批判を受けている。9800人ものメンバーが参加している、ペロトンの出荷遅延問題について語るためだけに作られたフェイスブックグループまであるほどだ。先日ペロトンCEOからユーザーにメールが届き、生産を拡大させるために1億ドルを追加で投資することが報告された。

このように、サプライチェーンマネジメントという課題は残るものの、ペロトンはハードとソフトを完全に融合させたコネクティッドフィットネスプラットフォームを作ることに成功した。

特筆すべきは、このペロトンという会社がもともとデジタルネイティブの会社ではないことだ。
この会社は、もともとトレッドミル（ルームランナー）やエクササイズバイクを販売していた会社だった。しかし、単に自転車を納品して終わりではなく、顧客の家に自転車を届けた後も、ユーザーがどのようにそれを使って、どのように満足しているかのデータを、あくなき努力でとりにいこうとした結果、このようなスケールとスコープの両方を実現できるようになった。

DXは、デジタルネイティブ会社だけのものではない。ちょっとした発想の転換で、会社の将来性は大きく変わることを、ペロトンの事例は教えてくれる。

ファイヤーホース式か、フライウィール式か
——ネットフリックスとディズニープラスの事例

フライウィール（フライホイール）という言葉をご存じだろうか。日本語では、はずみ車とも呼ばれているが、回転エネルギーを効率的に蓄えることができる機械装置のことで、身近なところでいえばマニュアル車に使われている。

ホイールが大きければ大きいほど、ある一点を超えるとモメンタムがつき、回す力を変えていなくても、どんどん早く回り続ける。その一点を迎えるまでは重い車輪を回し続ける必要があるが、ブレークスルーポイントまで回し続けたら、あとはどんどん速く回っていく。

この物理の現象をビジネスに置きかえて、フライウィール効果と呼ぶことがある。『Good To Great』（邦訳『ビジョナリー・カンパニー2 飛躍の法則』日経BP、2001）の著者ジム・コリンズによれば、「グレートカンパニーをつくるためには、ひとつのアクションでは実現できない。その過程はまるで巨大なフライウィールを必死に回し続けモメンタムをつけて、ブレークスルーポイントを超えるまで回し続ける行為に似ている」とのことだ。[27]

たとえばAWSなどもフライウィール効果を発揮しているビジネスモデルだろう。自社内のインフラとして開発を始めて改善を重ね、外販を開始したのが2006年。[28]クラウドマーケットシェアでトップになるまで実に20年近くかかっているが、クラウドとして多くの企業にとって必要不可欠な存在になった今、あとはどんどん速度を早めて回り続けるのみの状態だ。

ほかにも、フライウィール効果を発揮しているのが、ディズニーだ。

ひとつの映画を制作するのには時間もコストもかかるが、一度作品が完成したら、どんどんモメンタムをつけて商品化、テーマパーク化、シリーズ化などで回り続ける。

27 https://www.jimcollins.com/concepts/the-flywheel.html
28 https://ja.wikipedia.org/wiki/Amazon_Web_Services

特にディズニープラスによるデジタルストリーミング配信は注目されている。2019年11月にローンチ後、2021年3月には加入者が1億の大台を突破したと発表した。[29] この増加スピードは興味深い。

ピクサーやマーベル、スターウォーズやESPNなどコンテンツ界のトップに立つ超重量級フライウィールを持っているともいえるだろう。

それと対照的なのが、ネットフリックスに代表される「ファイヤーホース型」ビジネスモデルである。

ネットフリックスもオリジナルコンテンツの製作に1・8兆円以上かけており（2020年）[30]、その投資額はすごいものがあるが、フライウィール効果があるかというと、そうとは言えない。

たとえば一話あたりおよそ450万ドル（約4億9000万円）かけて製作したネットフリックスのオリジナルシリーズである「ハウスオブカード」[31]は名作だが、一回見たら終わり、別の商品に発展することも別の事業に展開することもない。コンテンツが作られて、それを視聴者に届けるという意味では昔ながらのテレビと変わらない一方通行の「ファイ

29 https://ja.wikipedia.org/wiki/Disney%2B
30 https://variety.com/2020/digital/news/netflix-2020-content-spending-17-billion-1203469237/
31 https://www.cheatsheet.com/entertainment/expensive-netflix-original-tv-shows.html/

ヤーホース」なのである。

もちろん、ビジネスモデルとしては、非常にロイヤルティが高く海外戦略がうまくいっているという意味では強みでもあり単純比較はできないが、たとえばデータの活用の観点からもフライウィール型なのか、ファイヤーホース型なのかで見方が変わってくるだろう。

具体的にいえば、フライウィール型の場合ビジネスの発展性は期待できるが、データの統合などで複雑性が増すことが予想される。ディズニーに関していえば、ディズニーランドに先月訪れたAさんが、先週ディズニープラスでマンダロリアンを視聴して、今日デパートのおもちゃ売り場でエルサの着せ替え人形を姪っ子のために購入した、というようなO2Oのデータの紐づけや消費者の行動の追跡が難しくなるだろう。

逆に、ネットフリックスのようにユーザーのすべてのデータがネットフリックスのサイト上で起きている場合（DVD郵送をのぞいて）データのボリュームが膨大になることは想像できるが、上記のような複雑性はないとも考えられる。ユーザーの行動に関するデータがほぼすべて手に入ることで、よりパーソナライズした深みのあるデータ解析ができるようになる可能性もあるだろう。一概にどちらが良いとは言えないが、DXの観点から考えると面白い発見があるだろう。

ビッグテックと「セクション230」

最後に、ビッグテック企業が今後立ち向かうAIビジネスの課題について言及したい。

トランプ政権からジョー・バイデン政権にシフトしたアメリカでは、「アメリカ通信品位法第230条（セクション230）」がどのように変更されていくか、注目されている。今後の日本のIT企業のあり方にも関わる議論なので、ここで紹介したい。

このセクション230は1996年に作られた、テクノロジー企業に2つの重要な保護を与える法律である。

たった26語で成り立っているその内容は「インタラクティブ（双方向）なコンピュータサービスを提供する者は、第三者が提供するコンテンツのパブリッシャー（発行者）としてみなされない」というものだ。

つまり、一部の例外をのぞいて、第三者が提供するコンテンツに関してサービス提供者に法的責任は生じない、というわけである。

わかりやすく説明すると、たとえば、Aさんがフェイスブックに Bさんの名誉を毀損する内容を書き込み、結果的に1万人以上に拡散したとしても、フェイスブックはその情報のパブリッシャーとはみなされないため、Bさんがフェイスブックを訴えることはできない。

これは、週刊誌との違いを比較するとよりわかりやすいだろう。

日本でも芸能人などが週刊誌を名誉毀損で訴えるケースがよくある。それは、週刊誌などのメディア会社が発行者として自分たちが発行するコンテンツに法的責任を持っているからだ。

しかし、フェイスブックやユーチューブを運営するグーグルなどのインターネット企業は、プラットフォームを提供している「中立的立場」にあるテクノロジー提供者とみなされる。ゆえに、ユーザーが投稿するコンテンツに法的責任は持たないということになる。

これが、セクション230で保護されている内容のひとつめだ。

2つめは、プラットフォーム上に投稿されるコンテンツをどのように表示するか、表示しないかなどのルール設定を、プラットフォーマーが自由に行えることである。

この2つの法的保護により、GAFAをはじめとする多くのインターネット企業は急速な成長を遂げてきた。特に、UGC（User Generated Content）とよばれる口コミサイトやレビューサイト、SNSなどの個人が情報発信をするサイトは、この2つの保護があったことが成長を後押ししたといっても過言ではない。

しかし、2021年3月現在、このセクション230の見直しが迫られている。たとえばトランプ政権下では、共和党寄りの保守的なコンテンツが非優先的な扱いを受け、ネット上で抑制されているのではないかと問題視された。

一例をあげると、大統領選挙の間、ツイッター社はトランプ大統領の選挙中のツイートの約50%を非表示扱いにした。これに対してトランプは、ツイッター社の措置は政治的検閥にあたるのではないかと主張した。

一方のバイデンも、民主党予備選挙の時点から、セクション230を問題視していた。主に、フェイスブックをはじめとするSNSメディアが、セクション230の法的保護を理由に故意に虚偽情報を広めているのではないかと指摘していたのだ。


いまや、アメリカ人の58%がフェイスブックから、28%がユーチューブからニュースを取得している。

多くの国民にとって、このようなネット企業のプラットフォームがニュースチャネルになっている現状と、ユーザーを多く集め広告主から収益を得るビジネスモデルを考えると、フェイスブックやグーグルなどはメディア企業（発行者）なのではないか？　と捉えることもできる。

メディア企業として機能しつつあるフェイスブックやグーグル、ツイッターなどが、「このコンテンツはユーザーに相応しくないから非表示にしよう」という調整をしてよいものだろうか。100人中100人が問題視するような差別的コンテンツなどは調整すべきだとしても、線引きが曖昧な政治的見解コンテンツなどになると、非常に難しい。

そこで、現在アメリカでは、1996年にできた古い法律であるセクション230を見直して、「発行者とは何を指すのか」を明確にし、法的責任の解釈もする必要があると議論されているのである。

ビッグテックに対する規制は今後も増えるのか

課題になっているのはセクション230だけではない。

トランプ政権下の司法省は、グーグルに対して反トラスト訴訟を起こした。この訴訟内容は、「独占的立場を利用して競争を抑制しイノベーションを阻害した」というものだった。

また、民主党候補者が予備選挙の際に、「巨大IT企業を解体する」と言及するシーンもあった。

バイデン自身は、巨大IT企業を〝解体する〟とまで極端なスタンスはとっていないが、規制を強めると考えられている。

実際、2020年12月9日には、アメリカ連邦取引委員会（FTC）がフェイスブックを反トラスト法違反の疑いで提訴した。グーグル1社だけではなく、巨大IT企業全体に対して規制を強めていく方向性なのだろう。

そのFTCの委員としてバイデンが2021年に任命したのが、コロンビア大ロースクール准教授のリナ・カーンとティム・ウー（ウー氏は現在、バイデンチームに経済政策に関する提言をするホワイトハウスの経済顧問に任命）という強硬派の2人の法律家だ。2人とも巨大IT企業に対し反トラスト法の見直しやネット中立性の見直しを訴える人物として知られている。

GAFAの中でいうと、アップルはこの動きに対して先手を打っている。2020年11月、アップストア（AppStore）内からの売り上げが100万ドル以下の会社について、手数料を通常の30％から15％に縮小すると発表したのだ。

政府が介入する前に自発的にこのような変更をするのは、とてもスマートな決断であるといえる。

というのも、政府が規制を強化する理由の多くが、「小さい会社やイノベーションの種となる次世代のスタートアップの発展を阻害していないかどうか」だからだ。

アップルにしてみると、アップストア内の売り上げが100万ドル以下の会社の売り上げ貢献度は5%にも満たないため、大きな痛手ではない。

グーグルの親会社であるアルファベット最高経営責任者（CEO）のピチャイは2021年1月、英フィナンシャル・タイムズ紙に「AI（人工知能）に対する規制が必要なことに議論の余地はない」と寄稿し、「我々のような（規模の）会社は、革新的な技術を開発して市場に使い方を自由に決めさせるようなことはできない」との考えを示した。

マイクロソフトのナデラCEOも、「AIは透明性が高く、人を補佐するために使われるべきであり、人の尊厳を壊すような存在ではいけない」と著書『Hit Refresh』で述べている。

フェイスブックCEOのマーク・ザッカーバーグも「言論の自由が守られるためにも、調整のルールをさらに透明化する必要がある」と語っている。

ここにきて巨大IT企業が、自らを守ってきた法的保護の変更に積極的なのは、政府だけではなく、ユーザーや雇用しているエンジニアたちの意識の変化も感じているからだ。

先日のニューヨーク・タイムズでは、シリコンバレーの人材を企業に供給するトップスクールのスタンフォード大学で、コンピュータサイエンスを学ぶ複数の学生の話を紹介していた。[32] 最近の兆候として、巨大IT企業の社会的責任を考える学生が増えているという。また、ある大手IT企業で働いていたエンジニアは、アマゾン・コムのリクルーターから連絡が来たときに、「パランティアにAWSを提供するのをやめるなら就職を考えてもいい」と言ったらしい。最も発言力を持つ形で巨大IT企業に意見をするために、売り手市場で企業が採用を争うエンジニアの立場を使う、ということらしい。

パランティアはトランプ政権下で米移民・関税執行局にAI技術を提供し、テキサスから入国してくる不法移民を画像により分類するAI技術を提供して不法移民追放を手助けしていた。これに関しては民主党支持者が多いシリコンバレーの中からの反発は大きく、非人道的な政府の行為に加担するAIを開発してよいのか、という議論が活発になった。そのAIを開発する会社であるパランティアだけではなく、パランティアにクラウドサービスを提供しているAWSにまで批判が集まったところに、ビッグテック企業の社会的影響力の大きさと、それゆえに社員、とりわけエンジニアが感じる倫理観が強まっているのだろう。

32 https://www.nytimes.com/2020/01/11/style/college-tech-recruiting.html

しかしいずれにしても、巨大ＩＴ企業の社会的責任や透明性の担保は今後の主流になっていくだろう。

これは私たち日本人にとっても他人事ではない。同じようなネット企業に対する法的整備が議論されるきっかけにもなるし、消費者としてＧＡＦＡのプロダクトをどう使っていくかを考えるきっかけにもなる。

ちなみに、アメリカのスタートアップは、必ずしも巨大ＩＴ企業の勢力が弱まることをのぞんでいない。というのも、アメリカのスタートアップは上場するのではなく、自社を売却してエグジット（投資回収）するケースが多いからだ。

やみくもに巨大ＩＴ企業を解体し弱体化すべきといった議論ではなく、よりよいＩＴ社会の実現に向けた法の整備が必要だ。

いずれにせよＩＴ業界に対する広義の規制強化は避けては通れないだろう。日本企業も、この動きを注視していく必要がある。

おわりに ――ダイバージェンスの時代を迎えるにあたって

アメリカでは、**ポストコロナはコンバージェンス（収束や集中の意）からダイバージェンス（発散）の時代に移行する**という声を最近よく聞く。『the four GAFA 四騎士が創り変えた世界』（東洋経済新報社、2018）の著者でNYU教授のスコット・ギャロウェイも、ポストコロナはダイバージェンスがキーワードになると言っていた。

どういうことかというとつまり、コロナ前には市場動向や企業のあり方、消費者の行動様式や選択が一点に集中するように同じ向きやトレンドを描いていたものが、コロナ後はあちらこちらに拡散し、散らばるという意味だ。

たとえば、大学教育はコロナ前まではアメリカではゴールデンチケットとされていて、大学さえ出られれば、その後の人生はある程度保証されていると考えられていたため、多くの学生が学生ローンを組んで大学に通っていた。

しかしコロナにより講義がリモート化し、大学の価値も半減して、さらにはアメリカの新卒採用が47％も減少した今、もはや高い学費を払って大学にいく意味があるのかと考え始める若者も増えている。今後は、超有名大学はさらに高額な学費を請求し、中間ランクの大学はコスト削減を実現するために完全オンライン化、また、専門学校などの二年制の教育機関なども増え、いろいろな高等教育の選択肢が広がるだろうと考えられている。

同じようなダイバージェンスが、ビジネスのあり方にも当てはまる。今までは都心の一等地の高層ビルに高いリース料を払ってオフィスを構えることが企業の信用力などにもなっていたこともあり、こぞって都心に企業や人が集中していたが、ポストコロナの企業の信用力は、本社ビルの住所では必ずしも決まらないだろう。ダイバージェンスの時代を迎える今、「これをしたら会社の価値が上がる」「これをしたら優秀な人材が集まる」というような、誰も疑問に思わないまま長年続けてきたビジネスのセオリーや攻略法もなくなってしまうのかもしれない。

それはある意味、この本を通して紹介してきた本当のＤＸ――人と組織の変革なくして実現できないＤＮＡレベルでの変革――を実現したいと思っている経営者にとってはチャンスなのではないか。クリーンスレート（先入観や過去の経験則などをなくしてやり直す機会）になり、DXを行う意味や意義を自らに問うてほしい。今までのやり方や軋轢などに左右されずDXのビジョンを策定し、実行プランに落とし込むチャンスが訪れたととらえてほしい。

以下にあげるのは、いまや世界的な企業へと成長した会社の創立年だ。

・GE（1892年創業）
・GM（1908年創業）
・IBM（1911年創業）
・ディズニー（1929年創業）
・HP（1939年創業）
・ハイアット（1957年創業）
・トレーダージョーズ（1958年創業）
・Fedex（1971年創業）
・マイクロソフト（1975年創業）

これらの会社の共通点はわかるだろうか？

すべて、不景気の中で誕生した会社だ。

たとえばディズニーは1929年、世界大恐慌の年に生まれている。そしてその数年後に映画『白雪姫』をつくっている。これまでも、このような不景気の中から大きなイノベーションを起こす会社が生まれてきた。

これは、単なる偶然ではない。

不景気の時代には失業率が上がる。採用されなかった人材が市場に溢れる。機械や機材も、今までより安く手に入る。デジタルに対するアクセスも、より安価でできるようになる。クラウド化やリモート化が急速に進む中で、今までは考えられなかったようなアセットも手に入りやすくなっている。

現在、私は多くの日本企業のDXをサポートしているが、どのプロジェクトも企業に新しい価値を生み出すものになるだろうと考えている。

日本にイノベーションを起こす人材が育つこと。

そして、このコロナ時代の逆風が、むしろ企業の大きなイノベーションにつながることを期待している。

2021年4月
石角友愛

いまこそ知りたいDX戦略

発行日　2021年4月25日　第1刷
　　　　2021年6月25日　第2刷

Author　石角友愛
Book Designer　西垂水 敦・市川さつき(krran)

Publication　株式会社ディスカヴァー・トゥエンティワン
〒102-0093　東京都千代田区平河町2-16-1 平河町森タワー11F
TEL　03-3237-8321(代表) 03-3237-8345(営業)
FAX　03-3237-8323
https://d21.co.jp/

Publisher　谷口奈緒美
Editor　千葉正幸　編集協力:佐藤友美

Store Sales Company　梅本翔太　飯田智樹　古矢薫　佐藤昌幸　青木翔平　青木涼馬　小木曽礼丈　越智佳南子　小山怜那　川本寛子　佐竹祐哉　佐藤淳基　副島杏南　竹内大貴　津野主揮　直林実咲　中西花　野村美空　廣内悠理　高原未来子　井澤徳子　藤井かおり　藤井多穂子　町田加奈子

Online Sales Company　三輪真也　榊原僚　磯部隆　伊東佑真　大崎双葉　川島理　高橋雛乃　滝口景太郎　宮田有利子　八木眸　石橋佐知子

Product Company　大山聡子　大竹朝子　岡本典子　小関勝則　千葉正幸　原典宏　藤田浩芳　王廳　小田木もも　倉田華　佐々木玲奈　佐藤サラ圭　志摩麻衣　杉田彰子　辰巳佳衣　谷中卓　橋本莉奈　牧野類　三谷祐一　元木優子　安永姫菜　山中麻吏　渡辺基志　安達正　小石亜季　伊藤香　葛目美枝子　鈴木洋子　畑野衣見

Business Solution Company　蛯原昇　安永智洋　志摩晃司　早水真吾　野﨑竜海　野中保奈美　野村美紀　羽地夕夏　林秀樹　三角真穂　南健一　松ノ下直輝　村尾純司

Ebook Company　松原史与志　中島俊平　越野志絵良　斎藤悠人　庄司知世　西川なつか　小田孝文　中澤泰宏　俵敬子

Corporate Design Group　大星多聞　堀部直人　村松伸哉　岡村浩明　井筒浩　井上竜之介　奥田千晶　田中亜紀　福永友紀　山田諭志　池田望　石光まゆ子　齋藤朋子　福田章平　丸山香織　宮崎陽子　岩城萌花　内堀瑞穂　大竹美和　巽菜香　田中真悠　田山礼真　常角洋　永尾祐人　平池輝　星明里　松川実夏　森脇隆登

DTP+図版制作　小林祐司　森田祥子
Proofreader　株式会社T&K
Printing　日経印刷株式会社

ISBN978-4-7993-2717-3